수필쓰기 방법론 넷
― 다시 붓 가는 대로

이동민 평론집

수필쓰기 방법론 넷
– 다시 붓 가는 대로

수필과비평사

‖ 차례 ‖

제1부

수필쓰기 방법론, 하나 … 10
　- 다시 '붓 가는 대로'

수필쓰기 방법론, 둘 … 26
　- 농담 이론

수필쓰기 방법론, 셋 … 36
　- 상상의 세계로

수필쓰기 방법론, 넷 … 44
　- 사실과 진실

수필쓰기 방법론 넷 - 다시 붓 가는 대로

제2부

58 … 수필의 비평, 어떻게 해야 할까?

71 … 익숙한 것에 대한 두려움
  - 농담과 즐기기

82 … 〈밀양〉을 읽고

87 … 멋에 대하여

99 … 한국 수필의 전통, 그 해학미

|| 차례 ||

제3부

수필은 있어도 문학은 없다? … 110
- 김양헌에게 답한다

수필의 비평은 존재하고 있는가 … 135
- ≪대구문학≫ 2008, 가을호 계간평

문학의 영역에서 수필의 위상은 어디쯤일까? … 142
- ≪대구문학≫ 2009, 여름호의 수필을 읽고

작품이 독자를 읽는다 … 150

성찰을 통한 깨달음 … 157
- 서경희의 수필세계

수필쓰기 방법론 넷 - 다시 붓 가는 대로

제4부

168 … 결핍(욕망)의 치유로서 글쓰기
  - 송명옥의 〈나는 역 지킴이〉를 읽고

177 … 다양한 해석의 글 읽기
  - 신재기의 〈어머니의 장한몽〉을 읽고

183 … 유희와 패러디를 차용한 글쓰기
  - 구활의 〈좋은 술 석 잔의 유혹〉을 읽고

189 … 설화적 읽기를 통한 의미 찾기
  - 공진영의 〈어매방우〉를 읽고

195 … 은유적 수필의 욕망 엿보기
  - 이정기의 〈그냥 그렇게〉를 읽고

200 … 신화의 구조로 자신의 내면 이야기하기
  - 서귀자의 〈교복〉을 읽고

207 … 욕망의 의미 찾기
  - 노혜숙 수필집 ≪조르바의 춤≫을 읽고

제 1부

수필쓰기 방법론, 하나
- 다시 '붓 가는 대로'

　수필隨筆은 '따른다隨'와 '붓筆'이라는 말이 만들어 낸 조합어이다. 말의 뜻에 따라서 '붓 가는 대로'라고 정의를 내렸다.
　수필이라는 말을 처음 쓴 사람은 위진남북조 시대에 남조에서 경사經史라는 벼슬을 한 홍매洪邁라는 사람이다. 그는 ≪용재수필≫의 서문에서 "나는 게으른 버릇으로 책을 많이 읽지 못하였으나, 그때그때 혹은 뜻하는 바가 있을 때면 앞뒤의 차례를 가려 챙길 것도 없이 바로 메모하여 놓은 것이므로 수필이라고 일컫게 되었다."라고 하였다. 홍매는 제자백가의 사상에 통달한 선비임을 감안하면 이는 겸손의 말이다. 당시의 글 짓기에 퇴고를 중시하였음을 생각하면 다듬지 않은 글 정도로 이해할 수 있다.
　우리나라에서는 수필이라고 쓴 글이 17세기에 보인다. 그러나 수필에 대한 설명은 없다. 박지원이 ≪열하일기≫에서 〈일신수필馹迅隨筆〉이라하여 쓴 글이 알려져 있다. 글의 내용은 단순히 여행기라기보다는 비판적 견해나 풍광에 대한 감상을 적었다. 흔히 단상이니, 잡기니

하는 정도의 글이다.

　영국의 수필가인 존슨은 "수필은 자유로운 마음의 산책으로서, 아직 소화되지 않은 작품으로 규칙적이고, 질서 잡힌 작문은 아니다."라고 하였다.

　한국의 현대수필이 태동하여 뿌리를 내리려고 할 즈음인 1933년에 김광섭은 《수필문학 소고》에서 "수필은 글자 그대로 붓 가는 대로 쓰는 글이다. 그러므로 다른 문학보다 더 개성적이며, 심경적이며, 경험적이다."라고 하였다.

　'붓 가는 대로'가 문학의 형식성을 이르는 말이 되면서 '무형식의 형식'이라는 말이 등장하였다. '무형식이 형식이다.'라는 말은 바로 '수필은 형식이 없다.'라는 뜻이 되었다.

　문학 일반에서 형식은 문학의 장르를 결정하는 기능을 가진다. 수필은 일정한 형식이 없다는 이 말은 수필이 장르로서 모호성을 가지게 되었다. 일정한 형식적 제약이 없고, 패턴이 없는 자유로운 글쓰기는 장점 이전에 문학적 글쓰기를 더 어렵게 만든 것이 현실이다. 형식으로서 수필문학은 무형식이 그 형식적 특징이다. 이것은 수필의 운명이다,라고 지적한다. 이럴 때는 언제나 장르가 모호해지면서 정체성 위기에 빠져 버린다.

　지금까지의 논설을 보면 수필이 이 땅에 뿌리를 내릴 때는 '붓 가는 대로'의 글쓰기를 거부감 없이 받아들였다. 그러나 문학의 장르로서 형식의 문제가 대두하자 '붓 가는 대로'의 형식을 탈피하려는 고민이 엿보인다. 문학의 변방에서, 또는 바깥에서 단순히 그때 그때의 기록

만으로 만족하였으나, 수필이 문학의 한 장르로 편입하는 과정에서 정체성 때문에 나타난 고민의 일단을 엿볼 수 있다.

황필호의 글에서 그 고민을 잘 보여주고 있다.

"수필은 절대로 붓 가는 대로 쓰는 글이 아니다. 아름다운 형용사의 나열, 주관적인 내면의 시시한 이야기들, 유명한 사상가의 경구를 짜깁기한 글, 그런 글들은 절대로 수필이 될 수 없다. 수필은 붓 가는 대로 쓰면서도 그 붓을 끌고 가는 보이지 않는 손의 지시를 받아야 한다."

아직까지 '붓 가는 대'로라는 무형식성을 부정하지는 않지만, '보이지 않는 손'이란 표현을 함으로써 고민의 일단을 드러내었다. 붓 가는 대로 쓰는 글이 아니라면서도 '붓 가는 대로'라는 개념을 절대 부정하지는 못하고 있다.

'붓 가는 대로'라는 무형식성에 대해서 의문을 품고 새로운 방법론을 탐색한 시기가 6~70년대가 아니었을까? '80년대에 출간한 수필이론서에는 '붓 가는 대로'에 대하여 반대하는 목소리를 아주 강하게 내고 있다. 수필이 양적으로 팽창한 이유 중의 하나는 '붓 가는 대로' 쓰기라는 이론이 누구든지 글을 쓸 수 있다고 부추긴 것이 한 몫을 하였다. 수필의 무형식이라는 말이 제약도, 질서도, 계통도 없이 산만하게 쓰인 글이라는 주장(김진섭)과, 말뜻 그대로 붓 가는 대로 쓰는 글(김광섭)이라는 주장이 나타났다. 그 후 수필쓰기에 가장 큰 영향력을 행사한 수필가는 피천득이다. '누에의 입에서 나오는 액이 고치를 만들듯이 쓰는 글'이라는 주장은 일반인들이 손쉽게 작문에 참가하도록 이끌었다.

이에 반하여 도창희는 '붓 가는 대로'라는 수필론을 노골적으로 부정하였다. "수필이 붓 가는 대로 쓰는 시대는 지나갔다. 수필이 붓 가는 대로 쓰는 글이란 의미는 수필에 구성이 없다는 것이 아니라, 구성이 매우 자유롭다는 것이다." 그의 주장은 수필에 구성이라는 새로운 제약을 도입함으로 수필쓰기에 족쇄를 채워가기 시작하였다. 오늘에는 수필론에서 '붓 가는 대로'를 언급조차 하지 않는다. 그만큼 수필론도 변하였고, 그 변화도 거부감 없이 받아들이고 있다.

수필이 오늘의 수필론으로 정착하는 '80년대와 '90년대에 이르러서 나타난 또 하나의 현상은 고도의 산업기술 사회가 도래한 것이다. 삶이 복잡해지고 바빠지면서 책을 읽는 독자들은 단순하고, 짧은 글과 쉬운 내용의 글을 선호하였다. 소위 대중문화라는 것이 빠르게 확산하였다.

소위 비문학인으로서 자신의 영역에서 인지도가 높은 사람이 쓴 글이 문학인이 쓴 글을 누르고 베스트셀러의 자리를 차지한 시대이기도 하였다. 이러한 사회 변혁 앞에서 문학인이 취한 태도는 다양하였다. 일반적으로 수필이론은 방어적 자세를 취하였다. 가장 대표적인 인물이 김태길이다. "수필은 사실 개념으로 정의할 수도 있고, 가치 개념으로 정의할 수도 있다. 사실 개념으로 정의할 때는 일반적으로 사람들이 수필이라고 부르는 글은 모두 수필의 범주에 포함된다. 그러나 가치 개념으로 정의할 때는 오직 '수필다운 수필'만이 수필이 된다." 김태길은 문학인이 쓴 수필을 일반인이 쓴 글로부터 보호하기 위해서 가치 개념에 중점을 두고 '수필다운 수필'만을 수필로 인정하자고 주장하였다. 김태길의 이 주장은 황필호가 말하는 '보이지 않는 손'과 서로 통하는 맥락이 있다.

그렇다면 구체적으로 무엇을 말하는 것일까? 김태길은 가치 개념이라는 말로 수필을 정의하였지만, 많은 수필이론가들은 형식에서 수필의 장르적 특성을 주장하였다. 정영자는 "수필문학에 있어서 형식의 필요성과 중요성은 재론의 여지가 없다."라고 못을 박았다. 그는 형식론에서 특히 구성을 강조하였다. "수필 구성은 제재를 주제에 어긋나지 않게 배열하고 결합시키는 일, 즉 문장 구성에 있어서 유기적인 조직법을 터득하지 않을 수 없다."라고 하였다.

한편으로 '수필다운 수필'론은 '수필의 본질이 무엇인가.'라는 문제를 대두시켰다. 문학의 장르인 만큼 문학성의 추구라는 논리에는 반발의 여지가 없다. 도창희는 문학성이란 바로 미의 구축이라고 정의하였다. 이것을 바탕으로 하여 문학적 수필과 비문학적 수필로 나누었다. "문학적 수필이란 정서를 전달하며, 상상적인 요소를 포함하고, 독자에게 즐거움을 주는 것을 목적으로 한다. 비문학적 수필은 반드시 사실만을 바탕으로 하는 기록 형식의 문학을 말한다."라고 하였다. 도창희는 이에 머물지 않고 기록을 벗어난, 허구를 주장하기에 이른다.

'붓 가는 대로'라고 하였던 수필의 정의가 형식과 내용을 양식으로 하는 문학이론으로 나아가자 수필쓰기의 방법론에도 많은 변화가 나타났다. '붓 가는 대로'에 반하여 그렇게 하여서는 안 된다는 많은 금기가 나타났다. 금기가 많을수록 쉽지 않은 글쓰기로 바뀌어진 것이 오늘의 수필쓰기이다.

"글은 곧 사람이다."라는 말이 수필의 가벼움에 무게를 더하려는 목적인지는 몰라도, '글이 곧 인격이다.'라는 해석으로 둔갑해버린 것이 수필이론에 나타난 또 하나의 현상이다. 작가가 인격의 손상을 받지 않으려고, 진실을 숨기고, 자신을 미화하기 때문에 독자에게 외면받는 것이 오늘의 수필이다.

문학의 변두리를 맴돌던 수필이 형식과 내용에서 규칙을 강화한 것은 문학의 중심부로 진입하지 못한 열등감의 발로인지도 모른다. 문학의 본류로 편입하고자 하는 몸부림인지도 모른다. '수필다운 수필'은 수필을 위한 수필로 형식화하면서 대중으로부터 더욱 멀어져 버린 뼈아픈 결과를 초래하였다. 문학의 본류에 합류하지도 못한 채 어중간한 위치에서 머뭇거리는 사이에 '비문학인'이라는 일반인, 전문인이 쓴 글에 독자를 빼앗기는 수모를 당하고 있다. 그렇더라도 타 장르의 문학인은 여전히 수필을 중심부가 아닌 주변부로 취급하고 있다.

현대수필이 우리나라에 도입되어 '수필다운 수필'을 지향하는 과정에서 얻은 것과 잃은 것이 무엇인지를 차분히 따져 볼 필요가 있다.

필자는 10년 전에 〈수필문학의 키치적 성격〉이라는 글을 발표한 적이 있다. "수필이 중산층이 선호하는 문학의 장르로 자리 잡으면서 중산층이 가지는 가치관과 특성을 공유하게 되었다. 안정을 추구하는 심리는 지배 이념에 저항하는 민중주의적 입장이나 전위적인 경향의 젊은 세대들의 문화에는 고개를 돌린다." 나는 수필이 대중 속으로 파고 들지 못하는 이유를 여기에서 찾아 보았다. 붓 가는 대로의 거부감과 문학으로 인정받고 싶어하는 것이 중산층의 가치관과 맞아떨어진다. 이런 이유로 민중 내지 대중문화의 천박함을 멀리하고, 전위적인 문화에도 거부감을 나타낸다. 그렇다고 하여 고급 예술에 가까이 다가가지도 못하고 있다.

'수필은 개인의 체험'이라고 말한다. 우리가 살아가는 삶의 체취가 물씬 풍기는 편린들을 소재로 삼는다. 생활의 세계에서 살고 있는 모습이란 바로 대중의 모습을 이르는 말이다. 따라서 수필은 대중친화적인 요소를 특질로 갖고 있다. "수필은 어차피 인간의 욕망과 본능 등 이른바 성정을 옹호하는 패설류일 수밖에 없다."(원형갑)라는 주장을 경청해 볼 만하다.

한국의 수필이 문학의 범주에서 벗어나지 않으려 몸부림치는 사이에 문학 자체는 오히려 죽음을 향하여 달려 온 것이 세계 문학사의 사조이다. 현대문학이 대두한 시기는 낭만주의가 유행한 시기와 일치하므로 현대문학에는 낭만주의 이념이 짙게 깔려 있다. 그러나 오늘은 낭만주의 시대와는 엄청 다른 사회이다. 많은 사회 변혁의 과정을 겪었고, 테크놀러지가 사회 배경이 되어 있어 낭만주의적 이상은 생명력과 설득력을 가질 수 없다. 테크놀러지를 상징하는 텔레비전은 에피소드적이고, 순간적인 것이 특징이다. 반면에 문학은 영속적이고, 체계적이다. 책은 일회적으로만 작용하고 사라져버리는 영상물이 아니다. 읽고, 또 읽을 수 있는 책은 읽을 때마다 깊이를 더해 간다. 텔레비전의 일회적인 이미지가 오늘의 문화를 휩쓸고 있고, 인쇄매체에 의존하는 문학은 질식하고 있다. 그러나 인쇄매체의 믿음 자체가 사라진 것은 아니다.

우리는 여기서 해답을 찾아야 한다. 인쇄매체에 대한 믿음에서 해답을 구해야 한다. 어차피 문학이 인쇄매체에 의존해야 하는 한에서는 인쇄매체에서 해답을 찾아야 한다. 문학 중에서는 일회적인 영상 이미지에 가장 접근하고 있는 것은 가벼운 글쓰기라는 수필이다. 영상 매체에서 의미는 훨씬 더 표면에 머물고, 깊이 있는 해석을 통해서 드러내기보다는 경험을 통해서 즉각적으로 지각한다. 영상 매체에서 표현하는 의미는 문학처럼 은유적이고, 환유적이고, 양가적인 것이 아니다. 한 단어에 여러 의미를 지니는 다의적인 것도 아니다. 말하자면 낭만주의 문학 이념이 표방하는 것들을 배제한다. 그렇다면 문학적 글쓰기에서 현대인의 취향에 가장 가까이 다가갈 수 있는 장르는 수필이다.

수필은 가벼운 글쓰기이며, 운명적으로 키치적 성격을 지니고 있다.(이동민의 〈수필문학의 키치적 성격〉에서) 텔레비전의 영상 이미지를 선호하는 현대인의 취향에 가장 쉽게 접근할 수 있다. 이런 이유로 다시 '붓 가는 대로'를 표방하면서 수필을 가벼운 글쓰기로 환원할 것을 주장한다.

문예미학은 이론상 양극성을 지닌다. '붓 가는 대로'와 수필의 형식과 내용을 중시하는 관점은 서로 양극성이다. 어느 한쪽으로 지나치게 기울면 반작용으로 되돌아가려는 성질을 가진다. 이제 수필은 형식과 내용을 중시하는 이론에 너무 깊이 매몰되어 있다. 19세기 영국의 미술이 우아함을 강조하는 라파엘 양식에 치우치자 라파엘 이전의 미술로 되돌아가자는 운동이 일어났다. 마찬가지로 나도 '붓 가는 대로'의 초기 수필 양식으로 되돌아가자는 주장을 펼치고자 한다.

우리나라에서 수필 양식의 문집을 남긴 사람은 고려시대의 성리학자인 사대부들이다. 대표적으로 이인로와 이제현을 꼽을 수 있다. 이들이 수필을 어떻게 바라보았으며, 실제로 어떤 글을 남겼는지를 살펴보고자 한다.

이인로(1152~1220)는 ≪파한집破閑集≫이라는 문집을 남기면서, 심심할 때 파적破寂 삼아 쓴 가벼운 글이라고 말하였다. ≪파한집≫은 우리나라의 최초의 수필집으로 꼽는다. 그 말은 가벼운 글쓰기 내지 '붓 가는 대로'의 글쓰기라는 뜻이 강하다. 내용은 시에 대한 평으로부터, 인간미와 미소를 자아내는 내용의 글이 많이 실려 있다. 개인사적인 일이거나, 유머 넘치는 글, 성애적인 내용까지 웃으면서 읽을 수 있는 가벼운 내용의 글이다. 문학성을 내포하기 위해서 억지로 의미를 담으려는 의도도 없다.

이제현(1287~1367)이 쓴 ≪역옹패설櫟翁稗說≫은 고전 수필집의 백미로 일컫는다. 저자는 서문에서 이 문집의 내용을 설명하였다. ≪역옹패설≫이 수필 형식의 글로 채워져 있으므로 서문을 통해서 이제현이 수필을 어떻게 정의하였는가를 엿볼 수 있다. 자신을 '역옹'이라고 한 것은 쓸모없이 자란 나무처럼 나이만 먹은 늙은이라는 뜻이다. 늙은이가 자질구레한 글을 즐겨 써 놓았으나 알맹이가 없고, 비천한 것이 마치 피稗와 같다,라고 하였다. 패稗는 곧 피를 말한다. 피는 벼와 아주 닮은 형태를 하고 있으나 오히려 벼가 익는 데 방해만 된다. 피처럼 미천한 글이지만 탓하지 말고 그냥 그대로 가벼운 마음으로 읽으라는 뜻이다. 이제현이 ≪역옹패설≫을 쓸 당시의 신분을 보면 절대로 역옹이랄 만큼 미천하지 않다. 그러므로 그가 쓴 글을 벼논의 피처럼 가볍게 읽으라는 뜻일 뿐이다. 역옹은 자신이 보잘것없는 존재라기보다는 삶의 언저리에서 빚어지는 작고, 보잘것없는 일들을 말하며, 그것을 소재로 하여 쓴 글이므로 그냥 즐기면서 그대로 읽으라는 뜻이다.

이제현과 이인로가 쓴 글을 통하여 고려시대 문인들이 수필을 어떻게 바라보았는지 엿볼 수 있다.

이인로가 쓴 글 한 편을 읽어보기로 하자.

함양 사람 자진(子眞 - 咸淳의 子)이 관동의 사또로 나가 있을 때 일이다. 자진의 부인 민 씨는 사납고 질투가 많은 여인이었다. 계집종이 너무 예뻐서 남편에게 그녀를 가까이하지 못하게 하였다. 자진은 '그야 힘든 일이 아니지.'하고, 읍내의 소와 그 예쁜 계집종을 바꾸어 버렸다. 나는 이 이야기를 듣고 희롱 삼아 시 한 수를 지었다.

호수의 꾀꼬리(여자를 상징) 날아가서 돌아오지 않고
강 언덕에 풍주佩珠를 읽어 찾으려 하나 어렵다.
예쁜 여자들은 어디에 있는고
난간에는 흑목단黑牧丹(소를 상징)뿐이구나.

이렇게 시를 지었으나 함순에게 길이 막혀 전할 수가 없었다. 이러구러 20여 년이 흘러서 함순이 이웃 마을로 이사를 왔다. 이제는 아침저녁으로 만나는 사이가 되었다. 함순이 나의 시를 보내달라고 하여

한 통을 내어 보이니 반쯤 읽다가 "벗이 아내의 강요로 소와 바꾸었다."는 제목이 있자 놀라면서, 차근히 물었다. "이게 누구요?" "공이 틀림없소이다." 내가 웃으며 이렇게 대답하였더니 함순은 "그런 일이 있었습니다. 그러나 집안에서 일어난 한 때의 장난일 뿐이지요. 조롱해서 평하지는 말아야 옳지만, 이러지 않으면 선생의 만고의 시를 무엇으로 도와 드리겠습니까."라 하였다. 그의 아내(민 씨)는 자진보다 먼저 떠났다. 그는 홀아비로 8년을 지내면서 여자를 가까이하지 않았으니, 정말 독실한 군자라 일컬을 만하다.

이 글에서 자진으로 나오는 사람은 함순으로서 이인로와 친분이 두터운 사람이다. 무인이 집권하던 시절에 문인들은 관계에 나아가지 않고 시와 술에 묻혀서 살았다. 이때 7명의 문인들이 죽림고회竹林高會를 조직하였다. 이인로와 함순은 소위 해좌칠현海左七賢이라고 부르며, 이인로가 이 모임의 우두머리였다. 이인로와 함순은 그만큼 가까운 사이였다.

이인로의 ≪파한집≫이나 이제현의 ≪역옹패설≫은 '심심풀이로 쓴 글을 모은 글'이라는 뜻을 담고 있다. 과연 그럴까? 벼논의 피처럼 하찮은 글을 모아서 일부러 문집까지 만들었을까? 조선시대에도 개인 문집을 만드는 일은 후손에게 힘겨울 만치 경제적 부담을 안겨 주었다. 문집에 실린 글은 취사선택하여 싣기 때문에 '쓸데없는 내용의 글 나부랭이'가 아니다.

위에 인용한 수필을 분석해 보자. 작가와 글의 내용에서 구술하는 사람은 동일인이다. 일인칭 시점의 글인 것이다. 작가가 직접 체험한 내용이므로 허구가 아니다. 글의 대상도 가공의 인물이 아니고 가까이서 살았던 실존의 인물이다. 이만하면 오늘날 수필의 이론에서 요구하는 형식의 여건은 모두 갖추었다. 내용에서도 부부간의 애정이랄까, 지켜야 할 도리라고 할까, 교시성을 담고 있다. 현대수필에서 장르적 특성으로 요구하는 것은 '사실성'이다. "그런 일이 있었습니다."라고 말하는 함순을 통해서 사실성도 인정할 수 있다. 이인로가 파적 삼아 썼다는 글이 오늘의 수필론에 부합하고 있다.

  이 글의 또 하나의 특징을 들라면 해학성이다. 해학성 때문에 붓 가는 대로 가볍게 쓴 글이라고 치부하였을 것이다.

  이제현이 쓴 글 한 편을 보기로 하자. 이 글은 《역옹패설》에서 한 편을 옮겨 왔다. 앞부분은 생략하고, 뒷부분만 옮겨 적었다. 충렬왕 때 태어나서 충숙왕의 총애를 받았던 이제현은 충렬왕 때의 문신인 김순과 조간의 일화를 실명으로 소개한 글이다. 앞부분을 요약하면 과거의 동기생인 둘은 친한 사이였다. 조간이 종기 치료를 받다가 이틀간이나 혼절하였을 때 김순이 병문안을 간 것을 적었다.

    이 소식을 들은 문영공 김순이 문병을 가서 문턱에 앉아 울음을 그치지 않았다. 그런데 문량공 조간이 갑자기 눈을 크게 뜨고 사람을 시켜 말하기를 "공이 나를 위해 슬퍼함이 이와 같은 줄을 미처 생각하지 못했소. 어찌 마음속으로 기뻐하면서 얼굴로만 슬퍼하오?"라고 하였다. 문영공이 "허! 이게 무슨 말이오. 사기(四期 − 一期가 12년이니

48년이다.) 동안이나 같은 해에 과거에 급제한 사람의 교분을 어찌 소홀히 할 수 있겠소?" 라고 하였다. 그런데 문량공은 또 "내가 죽으면 같은 합격자 중에서 공을 앞설 사람이 없을 것 아니오."라고 하였다. 이에 문영공이 눈물을 거두고 웃으면서 말하기를 "이 늙은이가 죽지는 않겠다."라고 하였다. 비로소 웃었다.

  이제현의 글은 자기의 직접 체험을 쓴 글이 아니고, 동시대의 실존 인물 사이에 있었던 일화를 소개하는 형식을 취하고 있다. 동시대인, 실재 인물, 실명으로 거론한 점을 생각하면 이 글도 독자의 입장에서 사실로 받아들일 수 있다. 수필에서 작가가 사실이라고 믿고, 독자가 사실로 받아들일 때는 진실성이 있다고 한다. 현대 수필에서 강조하는 것은 사실성 이전에 진실성이다. 이런 점에서 이 글도 수필적 요소를 충분히 갖추고 있다.
  이제현은 아주 짧은 글에서 소설보다 더 극적인 갈등과 반전과 의미를 담고 있다. 그뿐 아니라 수필에서 선호하는 삶의 훈기가 느껴지도록 글을 썼다. 과거 동기생이라는 친분 관계와, 문상의 과정에서 나타난 행동을 단순히 그 자체로서만 표현한 것이 아니다. 외연이 단순히 친구의 문상이라는 의미만 가졌다면, 내포한 의미는 또 다르다. 의미의 의미로 해석해야 하는 문학 언어임을 보여준다. 말하자면 이면의 인간 관계를 꼬집고 있다. 이면은 수필 이론에서 말하는 내면이다. 이 부분은 인간이면 공통적으로 갖고 있는 심리로서 보편성을 지닌다. 이 글은 바로 외연의 사회가치가 아닌 내포된 인간의 욕망을 표현함으로써 재미있는 글이 되었다.

 유의할 점은 상대방이 감정을 건드릴 수 있는 행위에는 '농담'으로 슬쩍 넘겨버린다. 그리고는 다시 '우정의 관계'로 되돌리는 기막힌 반전을 연출하고 있다. 이 글도 재미가 있고, 의미가 있고, 교시성도 있다. 수필의 여건을 모두 갖추고 있다. 이 글도 역시 해학성으로 포장하고 있다.

 두 편의 글에서 고려시대의 선비들이 수필, 즉 '붓 가는 대로'라고 말하는 것이 무엇을 뜻하는지 유추가 가능하다. 현대수필이 문학의 장르로 살아남기 위하여 몸부림친 결과가 진지함과 엄숙함과 경건주의였다. 그러나 해학성이 사라지면서 문학의 본류로 진입하지도 못한 채 독자들의 외면만 받는 참담한 결과를 초래하였다. 그렇다면 다시 '붓 가는 대로'의 글쓰기 방식으로 환원할 필요가 있다.

 체면문화의 대명사로 일컫는 조선시대의 선비가 쓴 글을 검토해 보자. 선입견으로는 그들은 내면의 욕망을 숨기고 가치순응적이고, 교시적인 글만 썼으리라고 믿는다. 조선초기의 대표적 유학자로 수필집을 남긴 사람은 무수히 많다. 대표적인 유학자로 서거정(≪筆苑雜記≫)과 성현(≪慵齊叢話≫)을 꼽을 수 있다. 조선후기에는 ≪열하일기≫를 쓴 박지원은 수필 형식의 글을 많이 남겼다.

 ≪용재총화≫에서는 '붓 가는 대로'로 쓴 글을 많이 만날 수 있다. 일반적으로 ≪용재총화≫는 필기소설이니, 필기잡록이니,라고 하고, 또 패관잡기稗官雜記라고 한다. 남만성은 '한국명저대전집'에서 ≪용재총화≫의 해설문을 쓰면서 ≪용재총화≫에 실린 글을 총체적으로 수

필로 보았다. 남만성은 수필이란 "본 대로, 들은 대로 생각나는 대로 토막토막 써놓은 글이다."라고 말하였다. 부가하여 읽는 사람이 부담 없이 가볍게 읽어야 하고, 재미가 있어야 한다면서, ≪용재총화≫는 이 조건에 부합한다고 하였다.

≪용재총화≫에 실린 글은 소설적인 요소도 보인다. 따라서 수필일 수 있느냐는 이의를 제기할 수도 있다. 조선시대에는 구성에서 소설적이면 전(傳)이라고 하였다. 그러나 조선시대의 선비들이 자유롭게 써 내려간 이런 유의 글은 시대의 양식으로 수필로 분류하는 것이 일반적인 경향이다.

조선 후기의 박지원이 쓴 글을 하나 소개하겠다.

자신의 본분으로 돌아가라. 이 말이 어찌 문장에만 해당되는 것일까. 일체의 가지가지 만사가 모두 그렇다. 서화담 선생이 출타 중의 길에서 집을 잃어버리고 울고 있는 사람을 만났다. 너는 어찌 울고 있느냐며 물어 보았다. 그 사람은, 다섯 살에 눈이 멀어서 20여 년을 소경으로 살아 왔다고 하였다. 오늘은 길에 나섰는데 갑자기 눈이 밝아지면서 천지만물이 환하게 보였다. 집으로 돌아가려니 길이 모두 비슷비슷하고, 대문들도 도무지 구분이 되지 않으니 집으로 찾아갈 수가 없어서 울고 있다고 하였다. 서화담은, 그렇다면 도로 눈을 감으시오, 라고 하였다.

소경은 다시 눈을 감고, 지팡이로 바닥을 더듬거리면서 자기의 집을 찾아 갔다.

≪그러면 도로 눈을 감으시오.≫라는 박지원 산문의 번역서에 나오

는 글이다. 연암은 전(傳)이라고 부르는 소설류의 글을 많이 남겼다. 그러나 ≪열하일기≫를 위시한 산문들은 수필적 요소들이 아주 많다. 박지원의 산문은 해학적인 요소들이 많다. 고대 수필이 견지해 온 특질 중의 하나가 해학성이다. 이 수필도 해학을 바탕에 깔고 있다.

　이 수필은 단순히 웃음만을 주기 위한 것일까? 아니다. 암시하는 바가 크다. 내포된 의미라고 할 수 있다. 웃음 뒤의 눈물이랄 수 있는 방식이라고 할까. 근, 현대의 우리 수필이 오히려 문학사조에 역행하여 엄숙하고 경건주의로 빠져들면서 재미의 상실이란 아픈 결과를 초래하였다. 우리 수필이 다시 재미를 회복하고, 독자의 사랑을 받기 위해서는 옛 방식으로 되돌아가야 한다. 그러면 도로 눈을 감으라는 충고를 겸허히 받아들여야 한다.

　현대수필이 문학성을 추구하면서 오늘에 이른 결과가 실망스러운 것은 사실이다. 이를 탈피할 수 있는 방법은 도로 엄숙주의와 경건주의를 벗어나서 옛 방식인 '붓 가는 대로'의 글쓰기로 되돌아가는 것이다. 오늘의 수필을 지탱하는 수필 이론을 폐기해야 한다.

　나는 그 방법론으로 현대 수필이 시작하기 이전의 방법으로 되돌아가자는 주장을 한다.

수필쓰기 방법론, 둘
- 농담 이론

　예술을 유희의 일종이라고 말하기도 한다. 특히 '프리드리히 쉴러'는 예술을 두고, "유희 충동이 만들어 낸 아름다운 가상이며, 이것은 감성적, 물리적 필연성과 이성적, 도덕적 필연성에 의한 강제가 모두 사라지는 자유로운 심적 상태, 즉 미적 상태를 조성한다."라고 하였다. 수필이 예술의 하위 장르임을 인식하면 이 이론으로 수필쓰기와 유희론의 접목도 가능하다. '예술은 일종의 놀이다.'는 개념으로 수필을 바라보면 수긍이 가는 점도 많이 있다. 그러나 수필에서 요구하는 글쓰기는 더러 '유희론'과 마찰을 일으키는 것도 있다.

　우선 수필쓰기의 전통적인 방법론을 살펴보고, 다음에 유희의 개념을 더듬어 보자. 그리고 결론적으로 이 둘을 결합하는 방법을 모색해 보자.

　수필은 개성을 표시하는 문학임을 근거로 하여 백철은 아예 "수필은 의견 표시요, 교훈적이다."라고 하였다. 문학의 하위 장르를 나누면서 수필을 '교시문학'으로 못박아버렸다. 근대 한국 수필의 1세대 이론가들이 이렇게 내려버린 정의는 지금도 수필쓰기에서 운신의 폭을 제한하고 있다.

수필과 유희론의 접목을 위해서 '유희'의 정의를 알아보자.

"유희란 일종의 자발적인 행위이거나 일인데, 이것은 일정한 시간과 공간으로 정해진 한계 내에서 수용되지만 절대적으로 구속하는 규칙을 위반하여 그 자체 속에서 목적이 있으며, 긴장과 기쁨, 그리고 일상적인 삶과는 다른 어떤 것에 대한 의식을 동반한다."라고 하였다.

어원을 따져서 더 멀리 그리스까지 올라가 보면 유희란 말은 어린아이의 속성에 속하는 것으로서 쾌활하고, 명랑하고, 걱정이 없다는 의미를 지닌다. 그 배경에는 장난치는 것과, 비본질적인 것이라는 의미가 있다. 물론 축제에서 서로 경쟁을 하고, 경기를 한다는 의미도 들어 있다. 경쟁에서 긴장으로 유발되는 쾌를 즐길 수 있다. 유희를 평가절하하는 의미로는 진지하지 않은 것, 조롱, 농담 그리고 가상의 의미를 지닌다. 이러한 것들은 수필의 '맛내기' 기법으로 활용하고 있는 것들이다.

칸트 철학에서는 유희를 철학적인 경지까지 끌어올렸다. 놀이는 자신이 의도하고 있는 목적에 도달하였는가가 아니고, 놀이하는 동안 스스로 만족했는가가 중요하다고 하였다.

수필에서 유희성을 받아들이기 위해서는 유희의 제 조건들을 수용해야 한다. 수필의 정의적 속성인 '교시성'과 예술의 또 하나의 특성인 '유희성'은 성격상으로 서로 대치되는 점도 있어 접목하기가 지난하다는 생각이 든다. 그러나 전혀 불가능하지도 않을 것이다. 왜냐하면 수필보다 상위의 위치에 있는 예술의 개념에 유희성은 중요한 몫을 차지하기 때문이다. 우선 수필에서 유희성을 어떻게 활용하고 있는지를 알아보자.

수필은 비교적 가벼운 글쓰기라고 인식하고 있다. 교시성이라는 거창한 명제를 안고 있다 하더라도 형식면에서는 가볍다는 것을 인정한다. 가벼운 글쓰기에는 유머와 위트, 그리고 농담의 기법을 활용할 수 있는 길을 넓혀 주었다. 나는 수필쓰기의 방법론에서 가벼움이라는 특성을 활용하여 농담 이론을 최대한으로 이용할 것을 주장한다.

농담의 사전적 의미는 "실없이 장난으로 하는 웃음의 말"이다. 속성상 쾌락적 요소가 강하게 작용하므로 필수적으로 유희성을 띠고 있다. 농담에는 반드시 쾌락을 향수하는 제3자(독자)가 있어야 한다. 발설하는 자와 향수하는 자 사이에 소통이 일어나야 농담이 완성된다.

프로이트에 의하면 농담에는 무의식 속에 숨어 있는 의미가 드러난다고 하였다. 즉 외견상으로는 무의미이지만 그 안에는 의미가 내포되어 있다는 뜻이다. 여기서 우리는 '무의미'와 '의미'라는 서로 상반되는 이중성의 속성을 지녔음에 주의를 기울여 보자. 무의미란 언어소통의 관점에서 보면 의미가 포함되어 있지 않다는 뜻이다. 농담의 사전적 뜻풀이에서도 쾌락만을 언급하고 있다. 그러나 농담 언어의 이면에는 의미가 분명하게 들어 있다.

은유와 환유는 문학 언어의 기본 기법이다. 수필쓰기에서 농담을 은유와 환유의 기법으로 활용하자는 것이다. 수필이론서에는 쾌락을 주는, 즉 맛을 내는 요소로서 유머, 농담, 익살을 꼽는다. 유머 내지 농담이 외연상으로는 쾌락을 주는 것이 전부이지만 쾌락의 이면에 숨어 있는 의미를 활용하는 방법을 강구하면 수필쓰기에 더 넓은 활로를 열어주는 기법이 될 것이다. 사회적으로 수용할 수 없는 내용을 농담으로 가공하여 수용이 가능한 내용으로 재생산하자는 것이다.

수필에 활용하기 위해서는 농담의 속성과 용도에 관하여 깊이 있게 살펴보는 것이 필요하다. 농담은 언어로 이루어진다. 농담을 만들어 내는 기술은 언어를 어떻게 조작하는가에 달려 있다. 두 개 이상의 단어를 압축하여 엉뚱한 의미의 합성어를 만들어 내거나(그 의미가 언어 표현으로는 금기시되는 것일수록 효과가 크다.), 두 개 이상의 의미를 가진 단어를 사용하여 문장 전체의 의미를 왜곡시키는 말장난 등이 농담 기술에 속한다.

농담에는 반드시 쾌락이 유발되어야 한다. 만약에 제3자(독자)가 쾌락을 느끼지 못하였다면 실패한 농담이다. 그래서 농담에는 기술이 필요하다고 한다. 실제로 '농담 기술'이라는 전문 용어도 있다. 그 예를 하나 들어 보자.

'인생이 무엇인가'라는 화두를 두고 평생을 고뇌하던 스님이 있었다. 하루는 서울 가는 완행열차를 타고 사람들 틈에서 부대끼고 있었다. 그 차에는 고달픈 삶을 사는 서민들이 빽빽하게 타고 있었다. 열차의 판매원이 사람들을 헤치면서 힘들게 걸어 오면서 '삶은 달걀'을 외치고 있었다. 순간 스님은 무릎을 치면서 "그렇다, 삶은 바로 달걀이다."라고 소리질렀다. 부연설명을 하자면 산다는 일은 삶은 달걀을

팔고 있는 저 판매원처럼 사람들 틈바구니를 고달프게 헤쳐 가는 것이다. 그렇더라도 저 힘든 길을 헤쳐나가지 않으면 안 되는 것이 삶이라는 것을 깨달았으므로 무릎을 쳤던 것이다.

'삶'이라는 말의 이중적 의미를 이용하여 전혀 문맥이 다른 의미를 끄집어내므로 듣는 사람(혹은 독자)에게 웃음을 유발하는 것이 농담 기술이다.

'피셔'는 농담을 일종의 언어 유희로서 유희적 판단에 무게를 두었다. 엉뚱한 의미를 이끌어 내어서 당혹감을 주지만 언어의 또 다른 의미를 깨닫는 순간에 쾌락을 준다고 하였다. 즉 '당혹-깨달음-쾌락'이라는 연속성에서 깨달음을 통해 숨겨진 의미를 찾아내게 된다. 대표적인 것으로서 성적 언어가 있다. 성적 언어는 금기어이므로 발설하기가 쉽지 않다. 성적 암시를 나타내는 언어의 활용은 농담에서 많이 이용하고 있다.

웃음은 의식이 자기도 모르는 사이에 중요한 것에서 사소한 것으로 이전될 때 자연스럽게 나온다. 웃음은 긴장의 완화 현상이며, 억압해 두었던 에너지가 자유롭게 방출될 때 나타난다.(스펜서) 억압된 언어들은 사회적 가치에 반하는 것들이다. 독재 정권 시대에는 통치자를 비난하는 것은 억압된 언어이다. 의미가 내포되었으면서도 수용 가능한 언어를 통하여 발설할 때는 웃음을 유발한다.

수필에서 금기시 되는 언어 중에 대표적인 것은 성적 언어이다. 우리는 '음담패설'이라는 기법을 통하여 방출하는 것을 흔히 볼 수 있다. 수필은 교시성이 강하다. 교시성이란 사회 가치를 긍정하고, 수용하는 내용을 말한다. 사회 가치에 반하는 언어를 함부로 구사하지 못하는 수필에서 웃음만을 목적으로 농담적인 언어를 사용하기는 어렵다. 더군다나 농담 자체에는 사회문화적 가치와 배치되는 속성이 있기 때문이다.

농담은 제3자(독자)에게 웃음을 선사하자는 것이지 농담의 생산자가 웃자는 것은 아니다. 농담 생산자는 생산을 위해서 심리적 에너지를 사용해야 하기 때문에 긴장의 완화가 쉽게 일어나는 것은 아니다. 반면에 농담을 수용하는 사람의 측면에서 보면 아무런 심리적 에너지를 투여하지 않고 단순히 즐기기만 하면 되므로 더 많은 쾌락을 맛본다고 한다.

외설적 농담이라는 음담패설을 보자. 언어 행위는 단순히 쾌락이 목적이지만 이면에는 이중적 의미를 가지고 있다. 여성을 겨냥하여 유혹을 시도하는 내밀한 뜻이 있으므로 수용자가 여자인 경우는 수치심을 느낄 수도 있다. 이럴 때의 농담 생산자는 제3자의 눈치를 살펴야 하고, 자신의 표현에서 강도를 조절해야 한다. 이때 쏟는 정신적 에너지를 농담 비용이라고 한다. 농담 생산자는 농담 작업에 농담 비용을 지불해야 하므로 수용자만큼 웃지 못한다고 하였다. 수필에서도 독자에게 수치심을 유발하면 농담 사용자의 인격 손상이라는 너무 비싼 비용을 투자하는 꼴이 된다.

작가와 독자가 심리적으로 많은 부분을 공유하고 있을 때는 감정의 전달이 훨씬 더 잘 일어난다. 농담은 제3자(독자)에게 웃음을 선사하는 것이 목적이므로 글쓰기에서 작가 자신의 감정만이 아닌 독자의 정서도 염두에 두어야 한다.

　글쓰기에서 농담 기술을 이용하자는 것은 농담이 갖고 있는 의도성을 고려하자는 것이다. 단지 웃음만을 선사하는 것이 목적이더라도 농담에는 숨어 있는 의미가 있음을 주장한 사람이 프로이트이다. 농담의 특징을 다시 한번 요약하자면 '무의미 속의 의미'로 요약할 수 있다.

　농담의 쾌락은 언어유희나 허튼소리를 내뱉는 데서 나온다. '농담-작업의 중심 특징은 금지의 제거를 통하여 쾌락의 자유로운 방출을 뚜렷이 보여주는 것이다. 수필의 표현에는 교시성 때문에 금지사항이 많다. 농담-작업을 수필쓰기에 적용하는 일은 금지를 합법적으로 제거함으로 쾌락을 담아내는 것이 목적이다. 표현하고 싶은 욕망과 억제하고자 하는 심리적 요소들이 갈등을 일으킨다. 욕망을 억제하는 요소가 아무리 강하더라도 마음속에 담겨 있는 욕망 자체를 없애버리지는 못한다. 억압된 채 머물고 있는 욕망은 심리적인 부담이 되어서 삶에 걸림돌이 되는 수가 많다. 쾌락은 글쓰기를 통하여 억압된 욕망을 방출할 때 느낄 수 있다. 그뿐 아니고 정신적인 치료 효과도 거둘 수 있다.

　아무런 의도성도 내포되어 있지 않고, 오로지 쾌락만이 목표인 경우는 악의 없는 농담이라고 할 수 있다. 수필에서 단지 맛내기의 방법으로 사용할 때를 일컫는다. 비난을 받을 만하거나, 어색한 분위기에 빠진 사람이 자신을 합리화시키거나, 얼렁뚱땅 넘겨버리려고 할 때 사용하는 농담도 악의 없는 농담에 속한다. 표현하기 어려운 사실들을 아무런 의미가 없는 듯이 농담으로 포장하여 표현할 수 있다.

　뚜렷한 목적을 가지고 사용하는 농담도 많다. 타인을 공격하기 위해서 슬쩍 비꼬는 투의 농담이 이에 해당한다. 그러나 사회비판적인 의도를 가지고 풍자를 하거나, 자신을 방어하기 위해서 사용할 수도 있다. 이럴 때는 경향성을 띤 농담이라고 한다.

수필쓰기에서도 수필의 주제를 부각시키기 위해서 경향성 농담을 사용할 수 있다. 농담에 내포되어 있는 의미를 적극 활용하자는 것이다.

수필은 작가가 이 세상을 살아가면서 사람들과 마주치고, 사람들 사이에서 부대끼는 인간 관계를 표현하는 글이다. 대인 관계에서 억울함을 당하거나, 분노를 느낄 때는 심리적으로 긴장을 일으켜 불쾌감을 맛본다. 작가가 불쾌감을 해소하기 위해서 분노와 경멸을 담은 농담을 표현함으로써 그에게 이겼다는 심리적인 만족감을 느낄 때를 적의 있는 농담이라고 한다. 농담 기술을 이용하여 적대적인 인물을 우스꽝스러운 인물로 만들어 버리므로 독자들이 그를 경멸하도록 하는 것이 목적이다. 웃음으로 의미를 덮어버리는 것이다. 독자가 경멸하리라는 예상을 함으로써 미리 즐거워하는 것이다. 농담으로 하여 의미가 변하는 것은 아니다. 농담은 웃음을 유발하는 행위나 언어 자체가 목적이다. 의미의 수정 없이 쾌락이라는 과외의 소득을 목표로 한다. 이때의 과외 소득을 잉여 향락이라고도 말한다.

수필은 허구가 아닌 사실만을 표현하라고 요구한다. 사실이면 무엇이든지 표현해도 된다는 것은 물론 아니다. 이럴 경우에는 농담의 형태로 표현이 가능한 경우도 허다하다. 나보다 높은 지위에 있는 사람을 비판하려고 할 때는 직설적인 언설로는 불가능하다. 농담 기법을 이용하여 간접적인 언어로 표현할 수 있다. 사회비평적인 수필에서 냉소적인 농담은 하나의 방법이 된다.

　우리가 수필에서 다루기 어려운 것 중의 하나는 성적인 것이다. 소설에서는 홍수처럼 범람하고 있는 성적인 것이 우리 시대의 경향성처럼 말해지기도 한다. 이 시대를 공유하고 있는 수필에서는 다루지 못한다는 불평등함 때문에 문학으로서 열등감에 사로잡히기도 한다.

　수필에서 외설적인 농담을 수용할 수 있을까? 가능하다고 본다. 그러나 다른 유형의 농담에 비하여 많은 제한을 받는 것도 사실이다. 외설적인 농담에는 바탕에 여성을 겨냥하여 유혹하려는 의도가 숨겨져 있다. 언설을 하는 사람은 음담패설을 통하여 성적으로 쾌락을 맛볼 수 있다. 단지 성적 쾌락만을 목적으로 구사하는 일도 많다. 그러나 독자에게 수치심과 불쾌감을 일으킬 수 있기 때문에 수필쓰기에서는 신중해야 한다.

　외설적인 농담에는 세 사람이 있어야 한다는 것이 필요조건이다. 농담하는 사람과 성적인 공격의 대상이 되는 사람이다. 음담패설에서는 대상 인물의 거의 대부분이 여성이다. 남성인 경우도 간혹 있다. 특정 여성이기보다는 여성 일반이 대상이 되므로 저항이 최소화되어서 수치심은 농담의 쾌락 속에 묻히는 수가 많다. 마지막 한 사람은 독자이다. 글쓰기를 하는 사람은 독자를 자기의 편에 끌어들이려는 것이 목적이다. 독자들이야 부담감 없이 즐기기만 하면 되지만 작가는 농담 실패라는 엄청난 비용을 감수해야 하므로 수필쓰기에 응용하기가 쉽지는 않다. 그러나 수필에서 저항의 수위를 최소화하면 성적인 것을 도입하기에 가장 적합한 방법이 아닐까.

독자의 교육수준, 사회적 위치, 또는 독자의 심리 내부에 도사리고 있는 자기 검열의 수위 여부에 따라서 수용을 거부하면 농담의 의도는 상실된다. 경향적인 농담은 '무의미의 의미'라는 개념에서 숨어 있는 의미를 최대한으로 활용한다. 경향성을 강조하여 숨어 있는 의미를 너무 많이 노출시켜버리면 농담에서 오는 쾌락의 강도가 감소할뿐더러 수필쓰기에도 좋은 방법이 되지 못한다.

수필쓰기는 문학의 다른 장르와 비교하여 허구를 인정하지 않으려는 특성 때문에 많은 제한을 받는다. 표현의 제한은 읽기에서 즐거움을 유발하기가 어려운 난제를 떠안고 있다. 이 난제를 풀어가는 방법에서 '농담-기술'은 활용해 볼 만한 가치가 있다. 왜냐면 농담에는 내포된 의미가 있기 때문이다. 내포된 의미에는 진실이 담겨 있기 때문이다.

수필쓰기 방법론, 셋

- 상상의 세계로

    수필쓰기는 문학의 다른 장르에 비하여 사실성이라는 강한 제약을 받는다. 사실의 표현이라는 벽에 갇혀 있는 한에서는 수필은 '수기'의 수준을 벗어날 수 없다. 그렇다고 하여 사실성이라는 옷을 벗어버린다면 수필이라는 장르의 특성을 유지할 수 없다. 이러한 제한으로 수필가는 문학적인 표현을 마음대로 펼치지 못한다는 불평을 한다. 솔직히 말해서 수필을 쓰는 사람이 반발을 하든, 아니하든 간에 다른 장르의 문학인들 사이에 '수필이 문학이다, 아니다.'라는 논란은 수그러들지 않고 있는 것이 현실이다.

    그렇다면 우선 '문학성'에 대한 개념부터 이해해야 한다. 성기조의 글(2009. '수필과비평문학세미나'에서)을 인용하여 내 의견을 개진해보도록 하겠다.

    성기조는 '문학이 무엇이냐'라는 질문에 여러 가지 대답이 있겠지만 예술론에서 빌려와서 "인간 정서의 사상을 상상의 힘을 빌려 말과 글로 나타내는 예술작품이다."라고 하였다. 덧붙여서 이 말은 인간의 기질

(氣質-品性)을 말과 글로 표현하는 것이라고 하였다.

나의 의견을 상상력과 기질의 표현이라는 그의 말에서 시작하여 풀어나가기로 하겠다. 여기에서 기질의 표현이란 인간 영혼의 표현이라는 다분히 추상적인 개념으로 말할 수 있다. 영혼이란 이미지를 만드는 원칙인 동시에 의미를 설정하는 바탕이다. 문학이란 인간과 그 인간의 운명에 관하여, 그리고 현실의 세계를 우리가 살아가면서 파생되어 나오는 여러 관계에 관하여 비평하고, 질문하고, 해석하는 것을 말한다.

수필은 위의 정의에서 벗어나는 글이 아니다. 그런데도 수필의 문학성에 대해서 의심의 시선을 거두지 않는 까닭은 무엇일까?

다시 성기조가 언급한 영혼에 대해서 좀 더 깊이 탐구해 보자. 영혼에는 인간의 근원적인 본성이 내재되어 있다. 영혼이라는 말에는 인간의 존재보다 더 상위의 가치가 내포되어 있다. 간디가 평생 동안 손에서 놓지 않았다는 힌두교 성전 ≪바그바드 기타≫에서 영혼의 의미를 새겨보기로 하자.

아득한 옛날의 인도에서 쿠르족의 왕이 죽자 젊은 태자가 왕위를 계승하였다. 삼촌과 사촌들은 왕위를 빼앗으려 반란을 일으켰다. 반란군을 토벌하러 나선 젊은 왕은 인간적인 번뇌에 사로잡혔다. 혈육인 삼촌과 사촌을 살육해야 하는 일이 과연 인간의 삶에서 꼭 해야 할 만큼 가치 있는 일인가에 대해서 고뇌하였던 것이다. 젊은 왕의 마차병은 크리슈티나 신의 화신이었다. 왕이 번민할 때마다 조언을 하였다.

"왕이시여, 삼촌과 사촌은 인간이 만든 질서의 존재입니다. 인간이 어떤 질서를 만들든지 간에 더 좋은 질서가 존재하고 있습니다. 해가 떠오르고 낮이 지나면 밤이 오고, 인간이 태어나서 죽는다는 것은 인간은 어쩔 수 없는 자연의 질서입니다. 이것은 인간이 관여할 수 없는 근원적인 질서입니다. 왕이시여, 영혼은 바로 그 근원적인 질서를 말하는 것입니다. 더 높은 질서에 충실하시면 됩니다."

성기조는 문학성을 언급하면서 영혼을 언급하였다. 수필쓰기는 사실성이라는 속박에 갇히고, 허구이어서는 안 되는 덫에 걸려서 세상을 살아가기 위해 인간이 가공한 질서를 벗어나지 못하고 있다. 이런 이유로 수필은 인간이 순응하고 있는 기존의 질서를 긍정하고, 그대로 표현해야 한다는 생각에 사로잡혀 있다. 허구라는 무기를 들고 인간의 질서를 마음대로 벗어나는 다른 장르에 비하여 예술성이 모자란다는 타박을 받고 있다. 과연 수필은 인간의 질서를 넘어서는 영혼을 표현하는 방법이 없을까?

나는 불교에서 말하는 '불이不二'라는 말이 둘이 아니라는 뜻이지만, 그렇다고 하나를 말하는 것도 아니라는 해석에 주목해 보았다. 허구는 안 된다고 하여 반드시 내가 현실에서 경험하였던 사실만을 기록해야 할까,라는 생각을 해보았다. 허구가 아니면서, 그렇다고 사실일 필요도 없는 것은…, 나는 상상의 세계에서 그 답을 구하려고 한다.

술을 아주 좋아하였던 순우분이라는 사람이 있었다. 한번은 친구들과 어울려서 자기 집의 뜰에 있는 홰나무 아래에서 술을 마신 후에 잠이 들었다. 비몽사몽간이었는데, 붉은 옷을 입은 두 명의 사자가 나타나서 자신을 인도하여 수레에 태웠다. 수레가 닿은 곳은 대괴안국이라는 나라였다.

 순우분은 그곳에서 공주와 결혼하여 권력과 부를 얻어 마음껏 자신의 욕구를 채우면서 시간 가는 줄 모르고 살았다. 왕실의 부마인 그는 남가군의 패주까지 되었다. 20년 세월이 눈 깜짝할 사이에 지나가면서, 어느덧 공주도 죽었다. 자신도 나이가 들어서 관직에서 물러났다. 그 순간에 그는 잠에서 깨었다. 주위를 살펴보았더니 자신의 뜰에 있는 홰나무 아래에 누워 있었다. 자신의 친구들은 아직도 집에 머물러서 떠들고 있었다. 모든 것이 꿈속에서 일어났던 일이었다.

 인생의 덧없음을 말하는 이 이야기는 당나라 때 이공좌라는 사람이 쓴 ≪남가 태수전≫이 원본이고 명나라 때 ≪남가기≫로 개편한 소설의 내용이다. 흔히 우리나라에서는 '남가일몽'이라고 말한다.
 이야기의 내용만 따진다면 허구이다. 문학의 장르적 분류에서도 일반적으로 소설로 분류하고 있다. 그러나 여기서 짚고 넘어가야 할 것은 꿈을 꾸었다는 것은 경험적 사실이라는 것이다. 다만 꿈의 내용에서만 허구인 것이다. 수필작가가 수필을 쓰면서 꿈을 꾸었다는 사실과 꿈의 내용을 기록하였다면 수필의 정의에서 수용할 수 없을 것인가. 다시 말해서 꿈의 내용이 어차피 허구이므로 상상의 산물로 대체하면 어떨까 하는 생각이다. 상상도 사실이라고 해야 할까, 아니면 허구로 치부해버려야 하는가의 문제와 만나게 된다.

　여기서 우리는 예술 창작의 바탕이 되는 상상력과 만나게 된다. 수필에서 상상력을 어떻게 수용하고, 활용할 것인가를 생각해 보자. 필자가 섭렵한 수필이론서에서는 모두가 상상력을 수용하는 것에 아무런 이의를 제기하지 않았다.

　그렇다면 우선 철학적 개념부터 찾아보자. 칸트는 상상을 위해서는 이미 경험되어 있어야만 한다고 하였다. 상상이 단순히 허구가 아니고 경험에 기초하고 있다는 사실은 상상력이 수필에서 사실성을 뒷받침할 수 있는 단초를 제공하고 있다.

　감각적 자극이 주는 다양한 것들이 상상력에 의하여 하나의 형상으로 통일된다. 이때는 오성의 작용이 수행한다. 상상력을 구체적으로 설명하자면 외부의 어떤 대상에 대해 신체적 자극이 활성화되어서 창조적으로 사고하는 정신능력을 말한다. 프로이트는 꿈의 설명에서 낮의 잔재가 재료가 된다고 하였다. 그렇다면 상상력에는 경험의 잔재가 재료가 된다고 말할 수 있을 것이다. 경험의 잔재야말로 상상과 공상을 구별하는 전제 조건이 된다.

　상상력은 이미지를 형성하는 힘이고, 현존하지 않는 것을 표상할 수 있는 능력이다. 다시 말하자면 영혼이라는 다분히 추상적인 개념으로도 다가갈 수 있는 통로가 될 수 있다.

　솔직히 말해서 우리의 일상은 진부하기 짝이 없다. 상상력은 진부한 일상의 틀을 깨고 새로운 가치를 추구해 본다는 점에서 예술을 가능하게 한다. 프로이트는 아예 예술작품은 작품을 창작하는 자의 백일몽에 다름 아니라고 하였다. 그는 백일몽을 '몽상'이라고 하였다. 수필도 사실성이라는 제약 때문에 진부한 일상을 나열하기보다는 상상력을 통한 새로운 가치를 찾아내므로 문학성도 더 쉽게 획득할 수 있다.

성인이 되면 자신이 빠져 있는 몽상을 수치스럽게 생각하고 다른 사람에게는 숨기려고 한다. 몽상을 지극히 개인적인 자신만의 내면적인 삶으로 치부하여 마음속에만 간직한다. 그러나 현실 그대로라면 쾌락을 제공할 수 없는 많은 것들이 몽상의 세계 속으로 들어오면 쾌락을 줄 수 있도록 변환되기 때문에 몽상은 재미를 제공한다. 수필을 쓰는 사람들은 자신이 경험한 사실을 그대로 이야기하려면 고통스러운 감정들이 지배하므로 숨기려 한다. 몽상을 불러일으키는 욕망 중에는 숨겨야 할 욕망들이 많다. 어른들은 자신의 몽상을 유치하고, 이야기해서는 안 되는 것으로써 수치스럽게 생각한다. 그러나 문학가의 이야기 속에서 그 감정들을 만나게 되면 독자들은 쾌락의 원천이 된다.

우리의 기억은 인간의 질서에 의하여 형성되는 삶의 가치를 수용하는 바탕으로 형성된다. 그러나 기억과 다르게 욕망은 삶의 가치라는 속박에서 벗어나고자 한다. 변화무쌍한 삶의 여러 인상들 속에서 형성되는 것이 몽상이므로 절대로 고정 불변한 것은 아니다. 개인적인 상황이 변할 때마다 몽상도 같이 변화한다. 이런 이유로 몽상은 시대의 각인이라는 표현도 한다. 그러나 기억과 회상에는 현실의 가치에 자신을 적응시켜서 합리적으로 표현한 것이므로 인간의 질서에 상위하는 영혼의 질서를 표현한 것이라고 할 수 없다.

몽상에는 인간의 현실을 탈출하고픈 욕망이 담겨 있다. 모든 몽상은 욕망의 완결이며, 동시에 만족을 주지 못하는 현실에 대한 보상이다. 이러한 욕망들의 뿌리를 찾아가 보면 자신의 격을 높이려는 야망과 성적 욕망이라고 하였다.

우리가 성인으로 성장하면서 어깨를 부비면서 살아가고 있는 현실세계에 적응하기 위해서 의식의 바깥으로 추방해버린 많은 심리적 요소들이 있다. 그것들은 우리가 일상생활을 꾸려가는 동안에 끊임없이 불만족이나, 결핍으로 나타나서 우리를 괴롭힌다. 결핍을 메우는 방법으로 상상력에 의한 백일몽을 꼽는다. 프로이트는 상상력과 환상으로 형성되는 백일몽을 예술의 근원이라고 하였다.

문학 창조자들이 자신들이 품고 있는 환상을 털어놓는다고 하여도 우리가 그들의 고백을 듣는다고 반드시 쾌락을 느끼는 것은 아니다. 오히려 거부감을 느끼고, 냉담한 반응을 보이는 경우가 많다. 이유는 백일몽(몽상)을 스스로 수치스럽게 생각하여 세심하게 신경을 써가면서 내용을 바꿈으로써 다른 사람에게 숨기기 때문이다.

문학 창조를 통하여 한 개인과(작가) 다른 사람(독자) 사이를 가로막고 있는 수많은 장벽들을 제거하고, 거부감을 넘어서서 즐거움을 줄 수 있는 것은 작가의 기교에 속하는 문제이다. 백일몽(몽상)은 '자아예찬'이 주조를 이룬다. 이것을 베일로 가리거나, 몽상의 성격을 변형시켜서 순수하게 미학적 형식으로 가공해야 한다. 그래야만이 미학적 쾌락을 제공할 수 있고, 독자들은 유희의 세계로 빠져들 수 있다.

수필에서 내적 결핍이나 욕망을 충족하는 방법으로서 상상력에 의한 수필쓰기를 함으로써 바로 영혼에 다가가는 것이 방법이 된다. 수필쓰기에는 근원적으로 나의 결핍이 욕망의 형태로 담겨져 있다. 다만 내가 몸담고 있는 인간의 질서에 순응하기 위해서 욕망을 숨기고 있을 뿐이다. 문학작품이 독자에게 제공할 수 있는 쾌락은 독자의 영혼 속에 자리 잡고 있는 긴장이 해소되므로 발생한다. 독자는 작품을 통하여 자신의 환상을 즐기기 때문이다. 따라서 숨기고 있는 욕망을 수필쓰기에서 드러낼 때만이 영혼의 글쓰기가 된다.

에른스트 블로흐는 글쓰기에서 우리의 꿈과 유토피아를 담아야 한다고 하였다. 객관적인 상상력의 기능을 통하여 글쓰기에서 구체적으로 표현할 수가 있다. 글에 담겨 있는 유토피아는 독자들이 읽기를 통하여 공감적으로 참여할 때 하나의 작품으로 완성된다.

유토피아는 현실이 아니고, 현실에서 이룰 수 없는 영혼의 자리에 나타난다. 수필쓰기의 과정을 반추해보면, 우리의 감각기관을 통하여 대상물을 산 경험으로 받아들인다. 여기에 상상력을 동원하여 하나의 이미지로 가공해 낸다. 이때는 경험이 바탕이 되어 환상이 섞여 있는 가공품이 된다. 이 가공품에 우리의 꿈과 유토피아가 담겨진다.

수필쓰기는 바로 유토피아를 표현함으로써 우리의 영혼을 치료하는 효과를 가진다.

수필쓰기 방법론, 넷

– 사실과 진실

　수필이 문학의 타 장르와 구분되기 위해서는 분류적 차이와 속성적 특성이 있어야 한다. 분류적이라고 할 때는 운문과 산문으로 나눈다. 운문에는 시가 대표적이다. 수필 문장도 운율을 무시해서는 안 되지만, 원칙으로는 산문에 속한다.

　산문에서 수필과 소설을 구분하기 위해서는 역시 차이와 특성이 있어야 한다. 따진다면 수필과 소설은 뿌리가 같다. 같은 뿌리이기 때문에 혼돈을 일으킬 수도 있다. 그러나 수필이 장르상으로 독립하기 위해서는 소설과 차이가 분명히 있어야 한다. 따라서 소설 장르의 내적 특성을 부각시키므로 수필과 차이를 드러내 보자.

　소설은 허구를 소재로 하여 진실의 세계를 보여주는 작업에 의한다. 독자에게 허구로서 진실의 세계를 보여주기 위해서는 가식과 치장으로 눈속임을 해야 한다. 이에 반하여 수필은 가공의 세계를 피하는 것을 장르의 특성으로 꼽는다. 수필은 개인의 경험을 바탕으로 하여 쓰이는 글이라고 한다면, 소설은 경험이 아닌, 있을 법한 일을 소재로 하여 실제로 경험할 수 있는 세계처럼 꾸며서 쓰는 글이다. 차이는 경험을 바탕으로 한다는 것과 '있을 법한 일'이라는 것이다. 다시 말하자면 수필은 순전히 자기의 경험을 소재로 하여 독자들이 문학이라는 미적 체험을 할 수 있게끔 표현한 것이다. 결국, 수필과 소설을 구분하는 분류적 특성은 허구의 여부가 판별의 관건이 된다.

  단도직입적으로 말하면 수필은 허구성을 배제한다. 그렇다면 사실성에 입각하지 않은 글은 수필이 아니라고 말할 수 있을까? 이에 대한 대답으로써 나는 불교에서 말하는 불이不二를 빌려 설명해 보겠다. 불이는 말 그대로 '둘이 아니다.'라는 뜻이다. 그렇다면 하나가 답일까? 둘이 아니라고 하여 하나인 것도 아니라는 데 묘미가 있다. 마찬가지로 허구의 배제는 무조건 사실이어야 한다는 것은 아니다.

  수필쓰기를 할 때 경험하였던 사실만을 나열하듯이 쓰는 사람은 없다. 그렇게 쓴다면 기록이지 수필이라고 할 수 없다. 자신의 경험에 문학이라는 예술의 색깔이 나도록 포장해야 한다. 예술의 본질은 미의 추구이므로 경험을 미적으로 바꾸어야 한다. 궁극적으로 수필도 미의 추구에 목적을 두어야 한다. 허구가 아닌 소재로서 미美를 표현해내는 일이 쉽지는 않지만 불가능한 일도 아니다.

  우선 경험이라는 사실성을 어떻게 가공하여야 미의 표현이 이루어질까? 허구가 아니다 하여 무조건 사실적이어야 한다는 것은 아니라는 것을 염두에 두어야 한다. 수필의 장르적 특성(허구의 배제)을 손상하지 않고 사실성에 대체할 수 있는 것은 '진실'이다. 근원적으로 말하자면 언어로 표현되는 내용 자체가 얼마나 사실인가 하는 의문을 제기할 수 있다. 두 번째는 발화된 언어를 청취하는 사람이 발화자(작가)가 전하고자 하는 내용을 어떻게 받아들이는가도 따져 보아야 한다. 발화자가 전하고자 하는 내용을 수용자(독자)가 자기 나름으로 해석하여 다르게 받아들였다면 사실이라고 할 수 있을까?

수필은 자신의 내면을 표현하는 것이므로 '자아의 문학'이라고 말한다. 수필은 가공의 세계가 아니라, 자신이 거짓이 없고, 바르고, 참되다고 믿는 세계를 표현한다. 이 말은 진실의 세계를 표현한다는 것이다. 독자는 글에서 진실을 읽을 때 아름다움을 느낀다. 사실이 현실에서 실제로 존재하거나 일어났던 일이어야 한다면, 회상의 방식으로 과거의 경험을 되살려 내는 것은 거의가 사실이라고 할 수 없다. 그러나 사실이 아니더라도 자신이 거짓이 아니라고 믿을 때는 진실이 된다.

수필을 쓸 때는 두 사람의 주체가 존재한다. 글 속의 주인공과 글을 쓰는 사람이다. 수필은 글쓰는 주체와 글 속의 주인공이 동일인이라는 전제를 깔고 있다. 과연 동일인일까? 글의 주인공이 판단하고, 결정하는 일이 글쓰는 사람을 그대로 나타내는 것일까? 이런 의문에 대하여 프로이트를 인용해 보자.

두 유대인이 갈라치아 역의 열차에서 만났다. 한 사람이 물었다.
"어디 가니?"
"크라카우에 가는 거야."
질문을 한 유대인이 이 말을 듣자 벌컥 화를 냈다.
"이런 거짓말쟁이가 있나. 넌 크라카우에 간다고 말하면서도 실제로 네가 레베르크에 간다고 내가 믿기를 바라고 있지. 하지만 난 네가 실제로 크라카우에 간다는 것을 알고 있어. 그런데 왜 거짓말을 하는 거야."

프로이트의 명제라고 하는 위의 예증에는 두 사람이 나누는 대화이지만 주체의 개념으로 본다면 네 사람이 존재한다. 욕구를 언어로 표현할 때를 요구라고 한다. 요구 즉, 언어 표현은 인간의 내면에서 꿈틀거리는 욕구를 그대로 표현하지 않고, 인간 세계에서 수용하는 요구로 바꾼다. 언어는 인간 세계에서 수용할 수 있는 구조로 되어 있기 때문에 언어로 표현한다는 것은 인간 세계에서 수용할 수 있도록 욕구를 그대로 표현하는 것이 아니고 가공하였다는 것이다. 이 순간에 사실성은 사라져 버린다. 요구로 가공된 언어가 수용자에게 전달된다. 수용자는 다시 귀에 들리는 언어를 자기에게 유리하게 해석하여 의미를 바꾼다. 언어를 발설하는 순간에 또는 수용하는 순간에 욕구의 주체와 요구의 주체로 나누어지기 때문에 네 명의 주체가 존재하는 것이다.

이와 같은 심리 이론을 감안한다면 두 유대인이 왜 그와 같은 대화를 나누었는지 알 수 있다. 두 유대인의 대화에서 누구가 거짓이고, 누구가 진실인지 모호해진다. 수필쓰기도 프로이트의 명제를 크게 벗어 날 수 없다. 수필을 쓰는 작가와 수필의 내용에서 주인 역할을 하는 자와, 수필을 읽는 독자가 서로 다른 의미 내용을 가질 수 있다. 그러나 의미 내용이 진실이라는 줄로 꿰어져 있다면 문학의 미가 구축된다.

등 피

김희자

　산마루에 걸린 마지막 햇살을 거두고 해는 저물었다. 산장 밖 밤하늘에 손톱달이 떠 있다. 세월의 더께가 앉은 등에서 불빛이 새어나온다. 유리관에 둘러싸인 심지는 산장으로 드는 바람에도 꺼지지 않고 활활 탄다. 투명한 등피의 보호를 받으며 타오르는 불빛을 보니 아득한 시절 고향집 처마에 걸어둔 호야등이 아슴푸레 떠오른다.

　유년 시절, 저녁 무렵이면 마루 끝에 걸터앉아 푸른빛으로 물드는 저녁 풍경에 빠지곤 했다. 바닷가 비탈진 마을을 쬐던 해가 저물고 어둠이 마을을 삼키기 시작하면 남포에 석유를 채우고 등피를 닦아 밤이 되기를 기다렸다. 전날 밤에 타고 남은 그을음을 나직한 입김으로 닦아내면 등피는 허공처럼 맑아졌다. 투명해진 등피를 조심스레 남포에 씌우고 불씨를 당기면 어스레한 시골집이 환해졌다. 환하게 타오르는 등을 처마 아래 걸어두면 횟가루의 속살이 하얗게 드러나고 그 아래 옹기종기 모인 가족들의 이야기는 등피를 씌운 호야등처럼 훈훈했다.

　흙 마당에 쑥으로 모깃불을 피우던 여름밤, 등피를 씌운 호야등은 처마 아래에 매달려 가족들의 마음을 이어주는 불빛이었다. 등피의 보호를 받는 불빛 아래에서 해진 옷을 깁던 어머니의 손길은 자식들의 해진 마음까지 기웠다. 쑥이 타는 냄새를 맡으며 살붙이들과 평상에 누운 나는 북두칠성이 거꾸로 선 하늘의 별을 좇으며 꿈을 키웠다. 분꽃 향기가 나던 언니는 입술을 모아 노래를 불렀고, 장난기 많은 남동생은 피어오르는 모깃불을 헤작거렸다. 언니의 해맑은 노래가 끝이 나면 밤하늘에는 알 수 없는 이야기들이 모여 별로 가득했다.

등피 속에서 타오르는 심지는 고된 삶 속에서도 맑은 소망을 염원하는 어머니의 마음이었다. 부엉이 울음소리가 깊도록 어머니의 바느질은 이어졌고 호야등 불길이 가물가물해져 밤이 이슥해지면 밤이슬에 젖는다고 자식들을 방 안으로 들게 하였다.

가지 많은 나무 바람 잘 날이 없다는 말이 있듯이 자식 아홉을 낳았던 어머니의 근심은 끊이질 않았다. 장손으로 태어난 아들을 핏덩어리째 잃었고 어린 두 딸은 홍역으로 가슴에 묻었으니 남아 있는 자식들을 보호하기 위한 어머니의 희생은 끝이 없었다. 그런 일이 있을 때마다 어머니는 애써 강한 척하셨지만 뒤란 장독대에서 멍든 가슴을 달래며 속울음을 삼켰을 것이다.

자식을 셋이나 먼저 잃은 어머니는 내가 초등학교에 다닐 무렵 또 한 번 놀란 가슴을 쓸어내려야만 했다. 뜨거운 볕이 쏟아지던 여름날 바닷가에서 멱을 감던 둘째언니가 물에 빠졌다. 밭에서 급한 기별을 받은 어머니는 김을 매던 호미를 내던지고 바닷가로 달려갔다. 물에서 허우적대던 언니가 물속으로 사라지자 동네 오빠가 바다 속으로 뛰어 들어가 구했다. 겨우 목숨을 구한 언니는 바위에 축 늘어져 있었다. 언니의 숨결은 약했고 체온까지 떨어지고 있었다. 어머니는 두르고 있던 치마를 벗어 언니를 감싸고 몸을 비비기 시작했다. 생명이 꺼져가는 딸을 감싸 안고 어머니는 울부짖었다.

어머니의 울음소리는 파도소리에 섞여 바닷가 언덕을 한참 동안 타고 올랐다. 애달픈 모습을 내려다본 하늘이 돕기라도 한 것인지 언니의 식어가던 몸은 다시 따스해지기 시작했다. 언니가 깨어나자 어머니는 하늘을 향해 절을 몇 번이나 올렸다. 그 일이 있은 후 언니는 바다에 가는 것을 싫어했고 피붙이들에게도 바닷가에 가는 일은 한동안 허락되지 않았다. 그 때 언니를 감싸주었던 어머니의 치마는 바람에 꺼질 듯 흔들리는 불을 감싸는 등피와도 같았다.

이제 나도 그때 어머니의 나이가 되어 세월을 뒤따르고 있다. 어머니의 등피 같은 희생에는 따를 수 없지만 두 아이의 바람막이가 되는 노력은 아끼지 않는다. 녹록하지 않은 생활 때문에 두 딸은 학원에 다니지 않고 공부를 한다. 작은아이의 중간고사가 하루 남은 휴일 오후였다. 책을 읽던 나는 평소 즐기지 않는 낮잠에 설핏 들었다. 모든 것을 알아서 척척 하는 찬찬한 맏딸과는 달리 철부지 작은딸은 늘 바람 앞에 선 등잔불같이 덤벙댄다. 사춘기를 겪고 있는 작은아이는 호기심이 많고 사회에 나도는 부정한 일들을 지나치게 비판하며 목소리를 높인다. 아직 사회나 어른들 일에 참견할 나이가 아니라고 여기는 나는 늘 걱정이다. 그런 마음이 내 안에 잠재하고 있었던 것일까. 작은아이의 꿈을 꾸었다.

작은아이가 혼자 배를 타고 바다로 나간다. 어설프게 노를 저으며 바다로 나아가는 아이를 보며 나는 가슴을 졸인다. 일렁이는 파도와 싸우는 아이를 보던 나는 아무리 고함을 쳐도 말문이 터지지 않는다. 아이가 탄 배가 금방이라도 뒤집어질 것 같아 발을 동동 거리지만 아이를 구할 방도가 없다. 나는 아이를 애타게 부르지만 아이는 파도와 싸우며 자꾸만 바다로 나아간다. 그때, 내 신음소리를 들은 큰아이가 나를 흔들어 깨운다. 잠에서 깨어난 나는 꿈인 줄 알면서도 작은아이의 목소리를 듣고 싶어 이름을 크게 불렀다. 제 방에서 공부를 하던 아이가 대답을 한다. 나는 안도의 숨을 내쉬며 꿈에서 얼른 벗어나고자 자리를 털고 일어났다.

모든 어머니의 마음은 한결같은가 보다. 치열하고 험난한 사회에 섞여 살아가야 하는 아이들을 걱정하는 내 마음이나 지금도 고향집에 전화를 하면 어찌 사냐며 걱정 섞인 목소리로 울먹이는 어머니의 마음은 매한가지이다. 아직도 나를 걱정하는 노모를 보며 나는 내 아이들에게 얼마만큼의 바람막이가 되어주는지 되돌아보게 된다. 이제는 두 딸의 키가 나의 키를 앞질러 미래를 위해 한창 심지를 태워야 할 때이다. 커 가는 내 아이들에게 폭풍우 같은 바람은 없었으면 좋겠다. 아이들의 능력에 큰 보탬이 되어주지 못하는 마음이야 두고두고 아프지만 어미로서 그 부족함을 대신해줄 수 있는 것이라고는 마음을 모아 등피가 되어주는 일이 아닐까.

밤이 이슥하여 밤바람 소리는 깊고 등불은 은은하다. 사위가 밝은 형광등이나 백열등 불빛은 생활을 편하게는 하지만 등피를 씌운 호야등의 은은한 불빛은 허물이나 티끌을 살며시 가려주는 인정이 있다. 그래서 가끔은 호야등이 그립다. 이런 밤에는 향수병마저 도진다. 은은한 등불 아래서 밤이 깊도록 자식들의 해진 옷을 깁던 어머니와 마당 가득 머물던 쑥 냄새와 피붙이들도 그립다. 지금은 등피를 씌운 등이 사라진 지 오래지만 늘 바람막이가 되어주던 어머니의 마음은 그대로 남아 등불을 감싼 등피처럼 나를 안아 주고 있다.

수필 〈등피〉는 수필의 작법에 몇 가지 방법을 제시해 주고 있다.

이미 여러 번 언급하였지만 수필은 회상으로 불러낸 지난날의 경험이 소재가 된다. 소재는 다시 '인간이 살아가는 방법에 대한 비평과 해석'을 가하여 인간의 삶과 접목함으로 수필로 재탄생한다.

이 글은 산장에서 등불을 보고 남포등의 불을 켜고 살았던 유년 시절을 떠올리는 것으로 시작한다. 회상으로 되돌아온 유년의 경험은 연상에 의하여 두 가지 양태로 나타난다. 하나는 유년 시절의 정경이고, 다른 하나는 자신이 겪었던 가족사적인 경험으로 회상된다.

바다에 연한 시골 마을의 여름날 저녁 정경을 다정다감하게 묘사하여 가족 간의 끈끈하였던 사랑을 은유적으로 표현한다. 심지를 태우면서 타고 있는 등불은 자식들의 걱정으로 속을 태우는 어머니의 마음을 상징한다. 이쯤에서 이 수필이 독자에게 전하고자 하는 메시지가 어머니에 대한 그리움임을 알 수 있다. 작가의 회상 속에 나타나는 어머니는 희생과 슬픔으로 점철된 삶을 살고 있는 모습이다. 더욱이 물에 빠진 언니가 구사일생으로 목숨을 건지는 과정에서 어머니의 애절한 감정이 작가에게 아주 강한 기억의 흔적이 되어서 남아 있다.

작가는 나이를 연결고리로 하여 어머니의 위치에 자신을 자리매김함으로써 어머니와 언니의 관계를 자신과 딸의 관계로 연계한다. 솔직히 말한다면 수필에서 묘사한 어머니는 유년 시절에 작가가 느낀 어머니가 아니다. 현재의 눈으로 바라보고, 재해석한 어머니이다. 어머니는 가공된 모습이고, 더 나아가서 어머니의 모습을 빌려서 자신을 표현하고자 하는 방편이 되어 있다. 왜냐면 회상으로 되돌아오는 유년 시절의 기억은 거의가 환상이고, 변형된 것이라고 말하기 때문이다.

작가는 두 아이의 엄마가 되고 나서야 어머니의 마음을 이해하게 된다. 어머니의 경험을 자신은 꿈으로 경험함으로써 어머니와 자신을 동일시한다. 이 수필은 외연으로는 어머니에 대한 그리움이지만 내포된 의미는 어머니의 위치에 자신을 놓음으로써 자신의 심정을 은유적으로 표현한 것이다.

이 수필은 수필쓰기의 일반론적인 방법을 보여주기 때문에 상당히 흥미롭다. 현재의 경험이 기억 흔적으로 남아 있는 과거의 경험을 불러오는 형식을 취한다. 회상되는 경험은 하나의 특정적인 사건이 아니고, 유년기의 전반적인 경험을 불러옴으로써 어머니에 대한 보편적인 감정을 표현하였다고 하겠다. 어머니와 작가 사이에 있었던 개별적인 어떤 사건이 아니고, 어머니라는 이미지 자체에 대한 회상을 뜻한다.

우리는 유년기의 경험을 어떤 형태로 기억하고 있을까? 환상의 형태로 기억한다고 한다. 환상으로 기억되는 것은 진실이라고 할 수는 있어도 사실이라고는 할 수 없다. 언니가 물에 빠져서 구사일생으로 살아났을 때 어머니가 슬퍼하였던 것은 하나의 실재한 사건이다. 그 때 언니는 죽음의 문턱에 이르렀고, 어머니가 심한 애도를 표하는 것을 어떤 감정으로 바라보았을까? 죽음은 불가역적인 현상임을 인지하는 연령이 10세 전후라고 하니까 언니의 죽음을 절박하게 느끼지 않았을 것이다. 어머니의 애도를 지금 생각하는 만큼의 애절한 감정으로 바라보지 않았을 것이다. 다만 어머니가 슬퍼하던 모습이 작가에게 충격을 주었으므로 기억의 창고에 흔적으로 보관되어 있었을 것이다. 따라서 이 수필에 표현한 기억은 사실 그대로이기보다는 가공되었을 가능성이 크다.

수필은 감성적 표현이 원칙이므로 수필 글에 감정을 담는 것은 바람직하다. 여기서 말하고자 하는 것은 발달심리의 관점에서 유년의 기억은 모두가 사실인 것은 아니라는 것이다. 그러나 어머니의 애도 자체는 진실이다. 부모가 자식에게 사랑을 베푸는 것은 본능이기 때문이다. 그렇다면 수필쓰기에서 반드시 사실을 추구하고, 사실만을 표현해야 한다는 것은 무의미하다. 진실을 담고 있으면 굳이 사실 여부를 따질 필요가 없다. 그러나 수필에서 진실이란 작가가 진실이라고 믿을 때만 허용된다는 것을 반드시 인식하고 있어야 한다.

수필 〈등피〉의 구성에서 유의해 보아야 할 것은 연상에 의하여 묘사의 대상이 끊임없이 이동한다는 것이다. 남포등에서 유년시절의 정경으로, 다시 어머니로 대상물이 바뀐다. 그때 일어났던 사건은 어머니의 입장에서 경험한다. 어머니의 나이와 자신의 나이를 연계하여 자신이 어머니의 입장이 된다. 즉 자신을 어머니와 동일시한 것이다. 어머니로서 자신과 딸의 관계를 언급하고는 자신의 어머니를 어머니의 입장에서 이해한다는 형식으로 구성하였다. 연상이 자연스럽기 때문에 회상의 대상물이 이동하더라도 독자는 거부감을 일으키지 않는다. 글 읽기에서 자연스러움이란 인과의 논리성이 중요한 역할을 한다. 그런 점에서 이 수필의 구성은 비교적 잘 짜여져 있다.

〈등피〉에서 사실과 진실이라는 문제를 따져보자. 글의 구성에서(사실 여부가 아니고, 순전히 독자의 독단에 의하여) 유년시절이 회상의 대상이 되고, 회상의 중심에는 남포등이 있다. 그렇다면 남포등은 회상으로 불러내기 위한 사후경험이 된다. 이런 이유로 남포등과 관련이 있는 '산장의 등불'이 서두에 나왔을 것이다. 글을 통하여 간접 체험을 하는 독자로서는 산장 등불의 사실 여부를 알 길이 없다. 요즘 시대에 산장이라고 하여 등불을 쓰는 곳은 거의 없다. 설사 있다 하더라도 장식용으로 남포등 형태의 외관을 한 전깃불이 아닐까?

 그러나 이 글에서 산장 등불의 사실 여부는 크게 걸림돌이 되지 않는 이유는 회상의 내용이 진실성을 지녔기 때문이다. 솔직히 말해서 유년 시절의 기억은 거의가 환상으로 이루어져 있다는 것이 프로이트의 주장이다.

 이 수필에서 중심이 되는 사건은 언니가 물에 빠져서 죽음 직전에 이르렀을 때 슬퍼하던 어머니이다. 그 사건을 자신의 처지와 연계시키므로 자신의 깨우침을 정당화하였다. 그러나 과거의 경험을 일깨워내는 현재의 경험을 작가는 가지고 있지 않다. 다시, 수필에서 사실성의 여부가 대두될 수밖에 없다. 사실성과 사후경험이라는 두 가지 요구 조건을 충족시키기 위해서 작가가 취한 방법은 '꿈'이다. '꿈' 속의 사건을 액자화하여 표현하였다. 이 정황이 사실인지, 허구인지는 작가 이외에는 아무도 모른다. 그렇더라도 독자가 거부감을 느끼지 않는 이유는 '진실'이 담겨 있기 때문이다.

 사실성을 따질 수 있는 대목은 무수히 많다. 죽음 직전의 언니 앞에서 슬퍼하는 어머니의 묘사도 작가가 그렇게 생각하였다는 것이지, 사실 여부는 미지수이다. 그러나 독자가 굳이 따지지 않는 이유는 진실성을 느끼기 때문이다. 이것은 수필 일반의 현상이 아닐까? 이런 방식으로(꿈으로 액자화한다든지) 직접 경험하지 않았다 하더라도 수필에 담아 낼 수 있는 방법은 여러 가지가 있다. 그러나 내용이 진실하지 않으면 허구로 빠져버릴 위험성이 다분히 있다.

블로흐에 의하면 글쓰기에는 반드시 자가의 욕망이 담기고, 욕망을 충족시키고자 하는 염원과 꿈이 담긴다고 하였다. 그러므로 글은 작가가 꿈꾸는 유토피아의 표현이다. 유토피아란 존재하지 않는 땅이라는 의미를 되새겨본다면 작가의 욕망과 다름 아니다. 작가의 염원이지 현실에서는 이루어지지 않는다. 그러나 작가의 욕망이 독자와 공유하면 소통이 일어나고 진실이 담긴다. 수필쓰기는 바로 독자와 공유하는 진실을 담아내는 작업이다.

작가의 해석이든, 액자로 담아내든, 작가의 경험이 바탕이 되어야 함은 두말 할 필요가 없다. 그렇지만 사실성 여부보다는 진실이 더 중요하므로 수필쓰기에서 진실을 담는 일을 절대로 소홀히 해서는 안 된다.

수필의 비평, 어떻게 해야 할까?

　일반적으로 비평이라 하면 결점을 찾아내어 비난한다는 뜻으로 사용하는 수가 많다. 그러나 비평하다(criticize)라는 말의 어원은 판별하다 또는 선별하다,라는 의미이다. 판별하는 능력은 모든 사람이 갖고 있다. '비평하다'라고 하면 대상물의 가치 판별을 말한다. 따라서 예술 비평의 가장 기본이 되는 기능은 가치 판정 즉 평가이다. 가치 평가는 작품이 미적으로 좋음과 나쁨을 판단한다.
　인간은 누구나 사물을 인식하는 능력이 있다. 가치를 발견하고 창조하려는 본능도 있다. 따라서 문학 작품을 읽고 관심과 태도를 표명하는 행위가 바로 비평적 행위이다. 우리가 수필을 읽으면 독자는 나름대로 재미가 있다와 없다, 또는 잘 쓴 글이다, 시시하다 등의 태도를 보인다. 비평은 바로 독서 행위의 결과로 나타난다. 독서 행위가 시작인 것이다.
　태도의 표명에는 '왜'라는 질문이 있고, 질문에 대한 대답이 따른다. 이렇게 질문함으로 시작한다. 대답에는 독자로서 작품에 대한 감상과 평가, 그리고 분석하고, 판단한 것이 내용이 된다. 그렇다면 비평의 기능은 해석과 판단이 되고, 비평하는 일은 평가적 활동이 된다. 질문에 대한 답을 하기 위해서는 작품을 꼼꼼하게 읽어야 하고, 작품의 의미를 파악해야 한다. 이처럼 비평에는 '지적 독서'가 필수적이다.

다음에는 의미의 내용을 독자를 위해서 진술해야 한다. 평가와 해석은 작품의 의미를 이해하고 내용을 언어나 문서로 나타내야 함으로 평가는 또 하나의 언어 행위이다.

비평가가 의미를 해석할 때는 해석의 기준이 되는 '예술적'이라든지, '미적'이라고 하는 것의 개념 정의가 분명해야 한다. 개념은 비평의 핵심이 된다. 문학 비평도 말할 필요도 없이 미학이나 문예학의 이론들이 규준이 되어야 한다. 예로서 작가의 행위가 비도덕적이라는 판단 때문에 작품 자체를 나쁘게 평가하는 것은 비평의 오류이다. 작가의 비도덕성과 작품의 의미를 미적 혹은 예술적 개념으로 해석하여야만이 비평으로서 가치를 지닌다.

특히 수필 읽기에서 자주 만나는 문제가 '작가 = 화자 = 주인공'이라는 도식으로 작가의 인격을 거론하는 일이 종종 있다. 가치 판단에서 작품과 작가를 구분하여야 한다.

독서를 좀 더 근본적인 이유로 따진다면 단순히 즐기기 위해서이다. 우리에게 유해하지 않은 오락으로서 즐기기를 하는 것이지만 세련된 태도도 필요로 한다. 그렇다면 글을 읽고 작품의 가치를 따지는 일은 다분히 사회적인 측면이 있다.

비평은 작품의 가치를 해명하는 작업이다. 비평은 가설적인 개념을 근거로 하므로 수정의 가능성은 얼마든지 열려있다. 왜냐면 비평의 근거가 되는 가설은 절대적이지 않기 때문이다. 작품 가치를 평가하는 기준은 여러 가지가 있으므로 독자의 입장에서 평가가 일치할 수도 있고, 그렇지 않을 수도 있다. 일치하면 가치는 증가하고, 그렇지 않으면 평가 가치는 중요성이 떨어진다.

우리가 작품을 평가할 때는 독자적 접근을 하여야 한다. 감정적으로 접근하는 것은 바람직하지 않다. 작품의 평가는 작가에는 자극이 되고 일반 독자에게는 작품의 가치를 인식시키는 교육적 효과도 있다.

우리 수필의 문제점으로 비평의 부재를 지적하기도 한다.(신재기) 비평을 할 때는 학문적 원리를 지향해야 한다. 그러나 수필 비평에서는 학문적으로 접근하는 전문 비평가가 거의 없는 실정이다. 소위 수필 대가라는 원로 수필가들이 비평을 담당하고 있는 것이 우리 수필계의 현실이다. 비평가가 아닌 원로 수필가가 하고 있는 수필 비평은 거의가 감상 비평이다.

문학은 단순히 정보 전달의 기능만 가진 것이 아니고 감동을 주는 예술 행위이다. 감동적 언술을 구사함으로 독자가 감상을 하도록 한다. 감상은 작품을 이해하고, 즐긴다는 뜻이다. 감상은 작품을 분석적으로 이해하기보다는 총체적으로, 직관적으로 느낀다. 감상은 작가가 체험한 세계를 독자의 입장에서 체험하는 행위라고 할 수 있다. 따라서 감상은 논리적인 분석이나 가치를 평가하는 것은 아니다. 작가가 체험한 미적인 경험을 함께 이해하고 감동하는 문학의 기능에 충실하게 따르는 행위이다.

비평이란 감상의 단계를 거치고 난 뒤에 평가에 이르러야 한다. 감상주의 비평은 독자의 주관주의 감상으로 끝내는 경우가 대부분이다. 평가에 이르지 못 하는 경우가 대부분이다. 원로 수필가들이 하고 있는 감상 비평은 극히 주관적인 감정에 의존함으로 적절한 원칙에 의하여 가치 판단이 이루어지는 일은 드물다. 그러므로 수필 비평이 오히려 판단을 흐리게 하거나 오류를 저지르므로 유해한 경우가 많다는 지적이다.

일반적으로 감상은 작품을 직관에 의하여 전체적으로 받아들인다. 그러나 비평은 부분적인 요소들을 분석하여 전체 가치를 추론해 낸다. 비평가는 부분을 분석할 때도 전체라는 맥락에서 고려해야 한다. 수필을 예로 들면 단락들은 상호 관련성을 지니면서 전체를 형성한다. 비평을 전체와 연관시키지 않고 세부 사항만 지루하게 나열하는 것은 바람직하지 않다. 비평이란 궁극적으로 전체적인 판단을 해야 한다는 것을 절대로 잊어서는 안 된다.

작품을 분석하고 판단할 때는 반드시 가치의 기준이 있어야 한다. 비전문가인 사람들에 의한 감상 비평이 비난 받는 이유는 작품마다 판단의 기준이 다르다는 것이다.

문학 작품의 평가에 관한 비어즐리의 주장을 들어보자. 문학에는 일반적으로 인식적 가치와 미적 가치가 있다. 문학에서는 미적 가치보다는 인식적 가치를 좀 더 중요시하는 경향이 있다. 그러나 인식적 가치와 미적 가치가 개별적인 것이 아니고, 이 둘은 전체로서 통합되어 있다. 말하자면 감동을 주는 동시에 의미도 담고 있어야 함을 말하는 것이다. 문학 작품은 새로운 문제를 제기함으로 독자에게 새로운 것에 관심을 유도하여 깨닫게 한다. 깨달음을 통하여 흥미롭고 가치 있는 진실을 의식하게 한다. 우리가 살고 있는 시대에 의미가 있는 반성을 함으로 정서적이고, 도덕적인 식별력을 길러 준다. 결과로서 독자는 자신의 현실을 연장하고, 확장하여 새로운 경험을 함으로 자신에게 주어진 삶의 한계를 벗어나도록 한다.

　수필을 읽고 깊은 감동을 받았다면 가치 있는 작품이라고 판단한다. 이때의 감동은 주관적이다. 내가 감동을 받았다 하여 다른 사람도 감동하는 것은 결코 아니기 때문이다. 경험이란 사람마다 다르기 때문에 심리적인 반응도 다르게 나타난다. 그러나 글을 읽고 아무런 감동을 느끼지 못 하였더라도 미리 정해져 있는 평가 기준에 부합하는 작품도 있다. 이런 경우도 가치 있는 작품이라고 말할 수 있다. 이것은 객관적으로 판단한 결과라고 할 수 있다. 작품을 평가할 때는 주관적인 관점을 벗어날 수 없지만 보편성도 어느 정도 있어야 한다.

　문학 작품을 평가할 때 일반적인 잣대로 삼는 원칙은 진실성의 문제, 효용성의 문제, 독창성의 문제, 그리고 통일성의 문제를 꼽는다. 특히 수필에서 진실성이란 가장 중요할뿐더러 대표적인 명제가 되어 있다. 그러나 진실의 기분이 무엇인가라고 할 때는 평가자의 입장에 따라서 다르다.

　진실성의 문제를 생각해 보자, 독자가 체험으로 습득한 진실의 개념이 수필 평가의 기준이 될 수 있다. 또는 자신이 추구하고 있는 이상적인 가치만을 잣대로 삼을 수도 있다. 이럴 때는 진실이라는 잣대도 한계를 지닐 수 밖에 없다. 왜냐면 이 세상에서 존재하는 것은 이상적인 가치만을 지닌 것이 아니다. 진실 속에는 추한 면이 더 많기 때문이다. 미적으로 아름답다는 것과 진실은 서로 다를 수 있다. 미를 추구하는 수필에서 추를 진실로 표현하였을 때의 평가를 어떻게 하여야 할까 하는 문제가 대두할 수 있다는 뜻이다.

효용성을 따지는 것은 문학 작품의 효용성이란 바로 쾌락과 교훈성을 말하기 때문이다. 일반적으로 감동을 느꼈을 때는 독자들은 재미있다고 말한다. 독서를 하고 감동을 받게 되면 독자는 더 많이 영향을 받는다.

독창성은 작가만이 지니는 특징적인 요소가 된다. 독창성은 개성적이고, 창조성이며, 다른 작가와 변별성이 된다. 작품의 보편적인 기준에서 일탈을 의미하기도 한다. 수필 읽기에서 이 사람의 작품이나, 저 사람의 작품이나 구분이 안 될 때는 독창성으로 평가할 수 없다.

수필은 전체적으로 하나로 통합되는 통일성이 있어야 한다. 전체를 관통하는 일관성과 통일성을 주는 것은 주제이다. 단어 선택에서, 문장 구성에서, 단락으로 조직하는 데서 주제를 돋보이게 하는 조응이 있어야 한다. 수필이 비교적 짧은 글인데도 산만하여 의미가 해석되지 않는다면 좋은 글이 아니다. 통일성을 따지고, 주제를 따지고, 단락의 구조를 따지는 것은 객관적인 평가의 기준이 될 것이다.

비평도 창작으로 치부한다. 그러나 창작이기는 하지만 예술 일반의 창작에 비하여 보다 이성적이기를 요구한다. 그러나 엄격히 따진다면 작가의 표현 양식이 아니라 독자의 수용 양식이다. 공급자의 양식이 아니고 소비자의 양식인 것이다. 즉 작가로서 창작의 개념보다는 독자로서 독서의 개념이 더 강하다는 것이다. 양식적으로 본다면 근대 자본주의라고 말할 수 있다. 작가는 소비자인 독자의 눈치를 살펴야 하면서도, 불편하게 여긴다. 작가는 작품 비평에 적의를 나타내기도 하는 이유이다.

문학 작품을 평가하는 잣대는 수도 없이 많다. 그 잣대는 비평가마다 다를 수 있다. 비평가에 따라서 한 작품에 대한 평가가 상반되게 나오는 것도 다반사이다.

수필을 비평하는 나의 원칙은 주관성과 객관성을 혼용하는 것이다. 주관적인 요소란 말할 것도 없이 미적 가치이다. 쾌를 주는, 즉 읽기에서 재미가 있어야 한다. 평가 기준이 객관적이기 위해서는 수필의 정의에 충실하였는가를 따진다. 수필의 작법 이론에 의하여 쓰여졌는가도 살펴본다. 우선 수필 작법 이론을 훑어보고, 지금까지 학자들이 내린 수필의 정의를 예로서 살펴보자.

수필의 소재로서 작가가 경험하였거나 상상하였던 것으로서 작가와 관련이 있는 것이 대상이 된다. 작가가 주장하고 싶은 내용이 주제가 되면서, 주제의 표현에 적합한 소재들을 골라낸다. 소재들을 재미있고, 주제를 잘 드러낼 수 있는 방법으로 배열한다. 그리고는 언어로 표현한다. 이것이 수필의 작법이다.

그렇다면 수필의 정의를 어떻게 내렸는가도 살펴보자. 장백일은 "소재에 대한 작가 나름으로 해석과 이해에 의미의 부여이되, 고백적, 자조 문학의 성격을 갖는다. 수필은 감동을 전제로 하되, 언어를 통하여 인생을 새롭게 해석하고, 이해시키는 정서화된 사상의 전달로서 인간학이다."라고 하였다. 도창희는 "수필의 기본은 美의 구축이다. 미를 추구하는 문학성 이외의 글(예로서 철학, 단상, 칼럼, 사랑을 빌려온 교훈적인 글, 지식의 과시 등등)은 절대 수필이라고 할 수 없다. 그 외에도 쾌락성을 추구하고, 자아를 표현하는 진솔성이 있어야 한다." 마지막으로 차주환은 "수필은 산문 문학의 한 유형으로 생활과 관련되는 모든 사물을 소재로 하고, 자아(ego)의 표출을 기본으로 하되, 어느 특정한 것을 주장하거나, 지식 내용의 전달을 일삼지 않고, 체제에는 제한이 없으나 대체로 독백 양식이고, 미지의 이상적인 독자를 상정한 일방적인 대화의 한계에 머문다."라고 하였다.

수필 이론가들이 주장한 내용을 요약하면 첫째는 자아의 표현이다. 둘째는 수필은 미를 추구한다,라고 할 수 있다.

우선 자아의 표현이다, 라고 하면 자아가 중심어가 된다. 자아가 무엇인가를 알아야 한다. 자아는 한 인간의 개성적 측면을 말하는 것으로서, 개성을 가진 한 인간의 총체성이라고 할 수 있다. 말하자면 인간이 갖고 있는 선과 악의 모든 측면을 포함한다.

중국 미학의 문예론에서 품격론品格論을 주장한다. 품격은 바로 인격을 말하기 때문에 글은 곧 그 사람의 인격이다,라는 주장에 근거를 제공한다. 그러나 자아는 인격을 말하지 않는다. 자아를 인격과 동일시해버리면 자아는 인격이라는 도덕성 뒤로 소외되어 버리므로 수필에서는 표현되지 않는다. 그렇다면 수필의 정의에 어긋나게 된다. 인격의 표현이라고 하면 도덕적인 인간만이 그려질 뿐이다.

둘째로 '수필은 미를 추구한다.'라는 언설도 살펴보자. 미학에서 말하는 미적 경험 즉 미란 바로 쾌를 말한다. 작품을 읽고 즐거움을 느끼는 경험을 말한다. 더욱이 무관심적 쾌라고 하면 미학의 중심 이론이 되어 있다. 감성적으로 쾌감을 느낀다는 뜻이 된다. 지금은 인식에는 오는 지적 만족감도 쾌의 일종으로 본다. 수필을 읽고 무언가 지적 향수를 함으로 만족감을 느낀다면 미의 추구라는 이론에 어긋나지 않는다.

수필의 개념 정의에서 말하는 '자아'란 한 인간의 개성적 측면에서 말하는 것이지, 인격을 말하는 것이 아니다. 품격론을 너무 강조하다 보면 인간의 본성적이고, 개성적이랄 수 있는 내면의 고백은 사라져 버린다. 사회가치에 순응하는 도덕적 인간만이 표현 대상이 된다. 자아가 개성을 가진 한 인간의 총체성이라고 할 때 인격을 내세우는 수필에 표현되지 않는다. 왜냐면 인간의 내면에는 선과 악이 공존하기 때문이다. 품격 내지 인격만을 표현한다면 수필에서 진실성이란 존재할 수 없다.

수필에서 미를 추구한다고 할 때도 미적 경험을 말하는 것이다. 쾌(快)를 말하는 것이다. 작품을 읽고 즐거움(快)을 느낀다는 것은 재미가 있었다는 뜻이다. 더욱이 무관심적 쾌가 미학의 중심의 이론의 되어 있다. 감성을 건드려서 우리에게 감동을 준다는 의미이다. 그러나 지금은 이성적 인식에서 오는 지적 만족감도 쾌의 일종으로 인정하고 있다. 수필을 읽고 감동을 하였든, 지적 향수를 함으로 만족감을 느껴야 한다.

서양에서는 미를 眞과 결부시켜 사실성을 강조하였고, 동양에서는

善과 결부시켜 도덕성을 강조한 전통이 있다. 그러나 현대에 와서 미를 진, 선과는 완전히 분리시켜 독립적인 영역으로 인정한다.

우리 수필의 전통에도 진실성과 해학성을 강조한다. 미를 추구하기 위해서 대립적인 위치에 있는 추도 미학에서 수용하는 것이 오늘의 추세이다. 해학상에는 추의 요소도 다분히 섞여 있다.

동양의 미학에서는 미와 추 대신에 아雅와 속俗으로 나눈다. 아와 속은 끊임없이 상호 침투함으로 오늘에 와서는 분류 자체가 애매해진 것도 많다. 아와 속으로 평가하는 전통적인 평가 방법으로는 가치 판단이 오류를 저지르는 수도 많다.

수필의 문법은 과거형으로 쓰여지는 것이 대부분이다. 과거 어느 시기에 경험하였던 사실을 기억으로 저장해 둔다. 사후 경험이 작용하여 과거의 경험을 기억에서 불러내는 회상의 방법을 사용한다. 경험 – 기억 – 회상이라는 과정에는 작가의 심리 기전이 작용한다. 작가 = 화자 = 주인공이라는 등식에 의하여 수필에서 작가의 내면을 표현하여야 한다. 단순히 과거의 경험을 회고하는 것과 과거의 경험을 해석함으로 수필로 형상화하는 것은 차이가 있다. 수필은 자아를 드러내기 위하여 내면을 표현하고, 자신만의 해석을 하여야 독자에게 감동을 줄 수 있다. 억압해 두었던 자신의 내면을 자조적으로 드러내는 일은 미학에서 말하는 추나 속의 범주에 속할지도 모른다. 그러나 진실성의 문제와 직결된다.

지금부터 수필의 개념과 작법을 살펴 봄으로 비평의 방법론을 모색해 본다. '수필은 자아의 표현이다.'라는 명제를 따른다면 수필 비평에서도 '자아'는 중심어가 된다. 수필의 비평이 자아에 초점을 맞출 수밖에 없다는 의미이다.

　자아의 형성은 사회적인 관점에서도, 심리적인 관점으로도 설명이 가능하다. 자아 형성에 관여하는 사회적 배경은 결국에는 개인의 심리 영역으로 수렴되므로, 수필 비평은 '심리 비평적 방법이 가장 바람직하다.

　프로이트의 정신분석학은 인간의 행동은 심리 작용에 기인한다고 하였다. 심리 영역은 의식, 전의식, 무의식의 층위로 나누어져 있다. 이 중에 무의식은 심리적인 방해 작용으로 의식 세계로 떠올릴 수 없는 심층 심리의 영역을 형성한다. 우리가 내면이라고 말할 수 있는 부분이다.

　개인이 성장하는 과정에서 사회적인 배경이나 삶의 배경은 심리적인 억압 작용으로 무의식화 된다. 수필 쓰기에서는 억압된 기억은 거의 글로 표현하지 않는다. 표현하더라도 은유나 환유의 방법으로 아주 모호하게 표현한다. 수필의 비평에서 은유나 환유에 덮여 있는 내면을 의식 세계로 떠오르게 하여 자기 성찰이 가능하도록 도와주는 것도 비평의 역할이다. 내면 속에 숨어 있는 기억들은 부끄러운 경험이 대부분이어서 숨기고 싶어 함으로 미학의 개념에서는 추에 속하는 것이 많다.

　심리 비평의 약점은 평자가 작가와 동일한 정신적인 문제를 가지고 있다면 감정적인 동조나 거부를 함으로 합리적인 비평을 할 수 없다는 것이다. 이성적으로 접근해야 할 비평의 본령에서 벗어나서 감정적으로 접근함으로 가치평가에 오류를 범할 수 있다.

심리 비평의 대상이 작가이냐, 작품 속의 인물이냐, 또는 작품이 독자에게 주는 심리적인 영향이냐를 나누어서 분석할 수 있다. 수필은 장르의 속성상 작중 인물의 분석이 바로 작가의 분석이 된다.

비어즐리의 말을 다시 빌려 와서 비평의 일반적인 기능을 생각해보자. 단순히 작가의 심리 분석으로 끝내버려서는 안 된다. 심리 분석을 통하여 새로움을 깨닫게 하고, 가치 있는 진실을 의식하게 하여 독자가 자신의 삶의 한계를 벗어나도록 도와주어야 한다. '새로움을 깨닫고, 가치있는 진실을 의식한다.'는 것은 작가나 독자가 자기 성찰을 하도록 유도한다는 말과 다름 아니다.

수필은 문학에 속함으로 예술 분야의 다른 장르와 비교하여 인식적 가치를 더 높이 산다. 다른 말로 '의미로 미를 구축한다.'라는 말에 해당된다. 짧은 글에서 의미를 담아내려는 강박관념으로 글의 전면에 작가의 생경한 목소리가 그대로 울려나오는 수가 많다. 이것은 수필 쓰기에서 좋은 방법이 아니다. 수필 비평에서 가공되지 않는 작가의 목소리를 수필이 담고 있는 의미로 해석하여 비평하는 경우를 자주 본다. 작가는 보여주기만을 해야하고, 주장을 해서는 안 된다. 평자는 보여주는 것을 해석함으로 가치를 찾아내는 것이지 작가의 말을 그대로 옮기는 것이 아니다. 작가는 이야기를 말하면서 의미는 이야기 속에 숨겨 둔다. 비평가는 숨겨둔 의미를 찾아서 가치 평가를 한다.

수필의 숨겨진 의미를 찾아내는 방법이 상투적이어서는 안 된다. 왜냐면 수필의 속성은 고백적이고, 자조적이므로 이에 상응하는 방법을 강구해야 한다. 수필 비평에 심리 비평의 방법을 사용하자는 것은 인간 내면의 탐구가 필요하기 때문이다.

　작품을 총체적으로 관찰하는 것도 필요하다. 작품의 구조가 통일성을 갖고 주제로 통합되어 있느냐를 따지는 것은 작법과 관련이 있다.

　비단 수필 비평만이 아니고 비평 전반에 걸쳐서 오늘날에 문제로 떠오른 것은 '독자 없는 글쓰기'라는 것이다. 수필 비평을 거의 읽지 않는다. 더욱이 비평이 올바른 역할을 하지 못하고 있는 현실에서는 더더욱 그렇다. 비평문도 깊이 있는 내용을 담기보다는 가벼운 글쓰기로 일관하거나, 칭찬 일변도의 주례사로 되어 있다. 그래서 수필집의 서평은 결혼식 때 울리는 팡파르나 같다는 혹평도 한다.

　비평에서 옳고, 그르다는 식으로 판결하듯이 재단하여 가치 판정을 하는 것도 있을 수 없다. 수필은 짧고, 가벼운 글쓰기이므로 서양의 에세이를 읽듯이 해석하고, 소개하는 해석적 비평도 필요는 하지만 적합하다고는 할 수 없다.

　수필 비평은 우리 수필에 맞는 비평의 방법론을 찾아서 독자가 있는 글쓰기를 하는 것이 오늘의 과제라고 생각한다.

익숙한 것에 대한 두려움
- 농담과 즐기기

내 남자

- 김옥자

　중국 연태에서 안마 시술소를 찾아갔다. 홍등가처럼 입구에는 붉은 등이 양 옆으로 걸려 있고 음침한 불빛을 따라 들어가자 인민복 비슷한 차림의 여인들이 일행을 반갑게 맞아주었다. 우리는 남자 안마사를 원하며 한 명은 발마사지, 나머지 세 명은 전신마사지를 받고 싶다는 말을 했으나 무슨 말인지 모르겠다는 표정이다. 중국어나 좀 배워둘 걸, 하는 빈말을 오늘도 습관처럼 중얼거리며 짧은 영어에 손짓 발짓까지 동원해서 어렵게 전달하였다. 네 개의 침대가 나란히 놓인 방을 배정받았다. 잘 정돈된 하얀색 이불과 깨끗한 시트가 중국에 대한 선입견을 없애 준다. 업소에서 제공한 반바지와 반소매의 윗옷으로 갈아입고 일탈의 해방감에 희희낙락하며 네 여자가 가지런히 누웠다. 시선이 머무는 벽면에는 풍경화 한 점이 낯설지 않게 걸려 있고 그 아래쪽으로 정수기와 티브이가 놓여 있다. 밖은 이미 어두워져 뜨거웠던 한낮의 흔적은 어디에도 없다.

　잠시 후, 발마사지만을 받겠다는 나한테는 물이 담긴 세숫대야를 든 젊은 남자가 들어오고, 전신마사지를 원한 친구들에게는 오일류가 담긴 바구니를 들고 앳된 아가씨들이 주르르 나타났다. 두 나라 언어들이 뭐라 뭐라 서로 언성을 높여보지만 소통이 잘 되지 않는다. 우리는 남자 안마사를 원했는데 왜 여자 안마사가 오느냐고 항의했고, 그들은 당신들이 원하는 남자 안마사들은 다른 방에서 일하고 있기 때문에 오래 기다려야 하며 여자 안마사도 잘하는데 왜 별스럽게 그러느냐, 대충 짐작건대 이런 내용인 것 같았다. 답답한 마음에 손바닥을 펴서 사내 "男"자를 써 보이는 헤프닝도 있었으나 결국 그들을 돌려보내지 못하고 친구들은 원하지 않은 여자 안마사에게 몸을 맡기게 되었다. 굳이 남자를 고집한 이유는 음양의 조화론도 한몫을 하지만 아무래도 여자보다는 남자가 힘이 더 세다는 판단에서다. 안마도 마약처럼 일종의 중독성이 있어서 보다 더 자극적인 지압으로 강도를 높여야 시원함을 느끼게 된다.

　천장의 밝은 형광등을 소등하고 촉수 낮은 벽 등을 켰다. 커튼이 내려진 실내는 약간 야릇한 분위기가 연출되었다. 장난기가 발동하여 내 앞에 서 있는 남자를 '내 남자'라는 호칭으로 친구들에게 소개했더니 "남자복 많은 년은 엎어져도 가지밭이다."라는 야한 농담이 돌아온다. 따라 웃지 않는 걸 보니 전혀 우리말을 못 알아듣는 것 같았다. 언어불통이 이럴 때는 다행이라는 생각도 든다. 침대 아래쪽으로 다리를 내리고 따뜻한 물에 발을 담근 채 눈을 감고 누웠다. 이 지구상에 존재하는 인구가 얼마인데 한국도 아닌 중국에서 일면식도 없는 아들 같은 이 남자에게 내 몸을 만지게 허락하는지, 내 전생에 무슨 선업이 있고 당신 전생에 무슨 죄업이 있어 이런 관계로 만나게 되었는지, 인연의 오묘함에 만감이 교차한다.

세상의 모든 것은 변하고 닳아 간다. 반세기 넘게 부려먹었으니 몸인들 온전할 리 있으랴만 아픈 곳이 왜 그리들 많은지. 허리가 아프다, 뒷목이 뻐근하다, 어깨가 결리고 무릎이 쑤시고 손목이 시리기도 하단다. 다행히 나의 몸은 아직 큰 불평 없이 뇌의 지령에 잘 따르고 있기에 안마의 필요성을 느끼지 못한다. 이곳의 안마는 우리 돈으로 환산하면 사우나 입장료 수준이지만 돈을 떠나서 내 한 몸 편하자고 사람을 사는 일이 내게는 낯설고 서툴다. 한 남자의 아내로, 한 가정의 며느리로, 몇 아이의 엄마로 살아온 복잡다단했던 지난 세월, 이 정도의 호사쯤은 충분히 누릴 자격이 있다며 자신을 합리화시켜 보지만 마음이 가볍지는 못하다. 어쨌거나 나의 육신에게 오늘은 노고에 대한 답례를 톡톡히 하게 되었다. 말이 발마사지이지 전신마사지와 마찬가지로 안마사의 능숙하고 유연한 손길은 정수리에서에서부터 시작되어 온몸을 훑어 내려온다. 입에서 시원하다는 말이 저절로 흘러 나오게 만든다.

남자와 여자, 피부와 피부의 접촉, 어색하고 민망하다. 시선을 마주할 자신이 없어 나는 계속 눈을 감고 있다. 아무리 감정의 전원을 끈다 해도 나이를 무시하고 잔류는 흐른다. 속칭 내 남자는 정부情夫가

색탐하듯 어깨와 팔을 거쳐 다리의 허벅지까지 거리낌 없이 열심히 문질러댄다. 그는 단지 업무에 충실할 뿐인데 나는 불량한 생각으로 얼굴을 붉힌다. 동상이몽이라던가. 그는 몸이 춤을 추고 나는 상상이 춤을 춘다. 남자의 손길을 자청해서 즐긴다는 사실을 어떻게 해석해야 할까. 치료 차원이라면 나는 환자요 그는 의사다. 그렇다면 나는 지금 어디를 치료받고 있다는 말인가.

우리 사회가 곱지 않은 시선으로 바라보는 안마 시술소, 그곳을 찾아가는 남성들의 심사를 조금은 이해하는 순간이다. 안마사들은 손님의 얼굴 표정을 살펴가며 힘의 강도를 조절한다고 한다. 웬만큼 아파도 나는 찡그리지 않았다. 대신 시원하다는 말을 많이 했다. 시원하다는 것은 바람이 불어 시원한 것이 아니라 좋다, 만족한다는 칭찬의 의미라는 걸 그도 이미 알고 있었다. 나의 추임새에 신이 난 그는 척추 전체를 위아래로 마사지할 때는 아예 엎드려 있는 내 허리께에 올라타고 편리상이지만 능숙한 솜씨로 브래지어 고리도 풀어 재꼈다. 이런 망측한 행동을 묵시적으로 허용하고 있는 여자, 그가 바로 도덕이라는 가면을 쓴 채 살아가는 나의 실상이 아닐까 싶다. 남자의 은밀한 눈빛이 여자의 신체 부위에 머물기만 해도 성희롱으로 간주되는 세상에 온 몸을 만지고 주무르는데도 시비 걸지 않는다는 사실이 재미있다.

옆 침대에서 간헐적으로 뱉어내는 아픔의 괴성과 행복감에서 흘리는 야릇한 신음에 나는 더 이상 웃음을 참지 못하고 감고 있던 눈을 뜨고 말았다. 미안하다. 내려다보는 안마사의 얼굴에 땀이 범벅이다.

〈농담과 즐기기〉에 관한 질의문

- 정은경

〈내 남자〉. 이동민 선생님의 글에 들어 있는 김옥자님의 〈내 남자〉는 제목부터 재미있다. 선생님께서도 제목부터 독자에게 연상의 길을 안내한다고 하시며 분석을 시작하셨다. 선생님의 〈농담과 즐기기〉는 2008년 겨울 워크숍, 〈농담과 무의식의 관계〉를 적용하여 분석하신 글이다. 선생님 덕분에 지난 워크숍 자료를 다시 꺼내어 들춰보는 기회를 가졌다. 이 일화는 중국여행을 한 '아줌마'들이라면 한번쯤 경험하거나 상상했을 재미있는 이야기이다. 이 글을 읽으면서 나는, 우리 집, 우리 아이, 심지어는 우리 남편, 우리 아내라는 말도 있는데 '우리 남자'라는 표현이 없는 것이 이상했다. 아니, '우리 남자'라는 표현은 있지만 그것은 '우리 남편'의 다른 표현처럼 느껴진다. 〈내 남자〉는 남편이 아닌, 애인을 지칭하는 것이다. 남편도, 아내도 공유할 것 같은 우리말에서 왜 애인은 공유할 수 없는 것일까요? 호호.

농담은 농담하는 사람, 농담, 농담을 듣는 사람(제3자)으로 구성되어 있다. 프로이트에 의하면, 농담의 목표는 자기 억제 부분을 해방시켜서 제3자(autre)에게 쾌락을 보장하는 것이다. 라캉은 농담을 심리구조의 차원에서 설명하는데, 이때 큰타자(Autre)가 원초적 쾌락을 억압하고 있다고 본다. 그래서 농담은 쾌락을 막고 있는 큰타자를 웃겨서 억압을 느슨하게 하여 억제 부분을 해방시키고 쾌락을 선사하는 것이다. 〈내 남자〉의 '내'에는 영어 냄새가 난다. 그것은 영어의 일인칭 주격 'I'의 소유격인 'my'처럼 보인다. '내 남자'에 우리가 즐겨 쓰는

'우리'라는 말을 사용하지 않고 '내'라는 말을 사용한 것은 우리말의 구조를 벗어나 영어로 빠져드는, '큰타자'로 하여금 실소失笑를 금치 못하게 하는 순간이다. 그래서 〈내 남자〉라는 말에서 쾌락이 느껴지는 것은 아닐까?

그런데 농담에서의 쾌락은 농담을 하는 사람보다 듣는 사람의 것이 가장 크다. 그렇다면 〈내 남자〉를 읽는 독자가 일탈의 기쁨을 가장 크게 느껴야 한다. 그러나 나는 이 글을 읽으면서 쾌감을 느끼는 동시에 불안해졌다. 나는 중국여행 때 북경의 자금성 주변에서 인력거를 탄 적이 있다. 그때 나는 〈운수 좋은 날〉의 주인공인 인력거꾼을 떠올리며 주변 풍광을 구경했다. 그런데 즐겁기보다는 불안함이 스멀스멀 생겨났다. 인력거에서 내리지 못하고 이대로 무지랭이인 저 남자의 아내로 살아가야하는 건 아닐까? 하는 뜸금없는 생각이 들었기 때문이다. 그래서 〈내 남자〉를 읽으면서도 불안감이 생겼던 것 같다.

불안은 상징계의 내입으로 말미암아 영원히 떨어져 나간 실재계가 되돌아올 때 생기며, 상징계의 틈 사이로 드러난다. 그런데 농담은 큰 타자를 웃기게 하여 억압을 느슨하게 하고 얻는 쾌락이다. 농담에서의 쾌락은 사전쾌락보다 최종쾌락이 더 크며 그것은 대상 a의 부분으로서 잉여향락이다. 대상 a는 실재계의 속성을 지니고 있다. 그렇다면 불안에서의 실재계와 농담의 최종쾌락에서 느끼는 잉여향락인 대상 a는 모종의 연결지점이 있는 것이 아닌가? 〈내 남자〉에서 대부분의 사람들이 쾌락을 느낀 반면 나는 쾌락과 함께 불안도 느꼈다. 농담의 최종쾌락에서 느끼는 잉여향락이 불안과 연결될 수 있을까요?

익숙한 것에 대한 두려움

지난 7월에 프로이트─라캉 교실이 정기적으로 열고 있는 하기 워크숍에서 발표한 글에 대한 질의문이다. 그때 발표한 글은 '김옥자의 〈내 남자〉 읽기'였다. ≪영남수필≫ 홈페이지 수필강좌에 실려있는 글이다.

질의자는 프로이트─라캉을 공부하는 분이다. 라캉은 언어 이론을 자기 이론의 바탕으로 삼을 만큼 언어의 구조에 깊은 의미를 둔다. 내가 발표한 내용은 프로이트의 '농담과 무의식'에 의거하여 언어의 유희성으로 수필쓰기의 기법을 활용하자는 것이었지만, 질의의 내용은 다분히 정신분석적인 차원의 것이었다. 그는 우선 일인칭 언어인 '내'에 주목하여 질문하였다. 즉 우리나라에서는 소유의 형태어로 '우리'라는 복수격을 사용하는 것이 보편적이다. 애인에 대해서만 '내'라는 단수의 어법을 쓰는 것에 대하여 질문하였다. 단수격에는 단연히 공유할 수 없는 독립적 소유 형태를 뜻하는 동시에 은밀함이 숨겨져 있다. 따라서 내 남자는 남편이 아닌 '애인'의 지칭어라는 것이다. 남편이나 아내는 공유의 대상인데 애인은 공유할 수 없느냐는 것이 질문이었다.

이 수필을 농담의 관점에서 읽기를 해보면 〈내 남자〉에는 농담적 요소가 들어 있음을 알 수 있다. 농담의 여러 속성 중에 "숨겨진 것들을 드러냄"이라는 것이 있다. 숨겨진 것을 금지된 것이라고 읽는다면 아내나 남편은 노출되어 있는 존재이므로 금지의 관계가 아니다. 드러낸다는 것이 농담의 기능을 수행하는 것이 아니다. 피세는 드러나지 않는 추함에 희극적인 빛을 비추어 드러내는 것을 캐리커처

(caricature)라고 정의하고, 이 캐리커처를 가능하게 하는 힘을 유희적 판단이라고 하였다. 이것이 농담의 속성이라고 하였다.

그렇다면 애인을 공유할 수 없는 이유를 따져보자. '애인'에는 사회적 금기를 어겼다는 추함이 내포되어 있다. 애인에는 은밀함을 함의하고 있으므로 성적인 대상이라는 뜻을 암시한다. 이러한 이유로 '애인'은 드러낼 수 없는 추의 대상으로서 공유의 대상이 될 수 없다. 그런 존재를 드러냄으로써 독자에게 쾌, 즉 유희적 판단을 선사하였다면, 이것이 애인을 공유할 수 없는 존재라는 것에 대한 설명이 될지 모르겠다.

내 애인이라는 읽기를 유도하는 언어 유희가 독자에게 쾌락을 유발시킬까? 정신분석적인 해석으로는 농담의 목표를 자기 억제를 해방시켜 주는 것이라고 하였다. 우리는 쾌락을 욕망한다. 그러나 큰타자가 억압하고 있으므로 쾌락을 맛볼 수 없다. 농담은 큰타자의 억압을 느슨하게 하여 쾌락이 튀어나오도록 해준다. 그럴 때 우리는 즐거움을 느낀다. 그렇다면 '큰타자'는 누구이며, 무엇일까? 자신의 내면에 자리 잡고 있는 '가장 이상적인 그 무엇'이다. 우리의 마음속에는 공부도 잘하고, 운동도 잘하고, 노래도 잘하고, 얼굴도 잘생기고, 사회규범을 잘 지키므로 타인으로부터 존경을 받고 싶다는 생각에 사로잡혀 있다. 그 욕망들은 서로 결합하고, 조합하여 가장 이상적인 모습의 우상(자아이상)을 심리 구조 속에 만들어 낸다. 그 우상은 내가 그렇게 되기를 소망하는 모습인 동시에, 나를 우상의 모습에서 어긋나게 하지 못하도록 하는 억압의 작용도 하는 존재이다. 바로 큰타자인 것이다.

남편 몰래 애인을 갖는 것은 쾌를 선사하지만, 사회 규범을 위반함으로써 존경받는다는 나의 이상적인 모습을 망가뜨린다. 그럴 때는 애인이라는 욕망은 숨겨진 채로 남아 있을 수밖에 없다. 현실에서 진짜로 애인을 감추어둔다는 뜻이 아니고, 마음속으로 애인을 바라고 있으면서도 겉으로 표현하지는 못한다는 뜻이다. 독자가 이 수필을 읽을 때는 자신의 언술이 아니므로 자신의 큰타자를 화나게 하지 않으면서도 쾌락을 맛볼 수 있다. 물론 쾌락을 맛보기까지의 심리적 과정에 상상력이 작용을 한다. 이때는 글을 쓰는 사람보다 독자들이 느끼는 쾌락의 강도가 더 강하다. 글을 쓰는 사람은 '내가 이 글을 쓰면 다른 사람들이 나를 어떻게 볼까? 농담으로 보아 줄까? 불순한 생각을 한다면서 백안시하지는 않을까? 하면서 큰타자의 눈치를 살피는 심리적 부담을 안는다고 한다. 독자는 남의 행위를 관찰만 하는 입장이므로 부담 없이 글을 읽으면서 쾌락을 맛보기만 하면 된다. 이것을 심리학에서는 비용절감 효과라고 한다. 독자는 수필읽기라는 사후 작용을 통하여 부담없이 상상의 날개를 펼치면서 일탈의 쾌락을 즐길 수 있다.

그러나 질의자는 쾌락과 동시에 불안감이 생겼다고 하였다. 〈내 남자〉 읽기를 통하여 지난번에 북경 여행을 가서 인력거를 탔을 때의 인력거꾼 모습이 떠올랐다고 하였다. 인력거꾼은 무지랭이 남자의 모습을 하고 있었다. 그 남자가 남편의 모습으로, 아니, 내 생각으로는 애인의 자리에 그 남자가 자리 잡았으리라 추측된다. 이 점에 대해서는 수필읽기를 하는 독자들이 나타내는 반응의 유형을 설명하고자 한다. 큰타자의 억압이 강한 사람이 이 글을 읽었다고 하자. 그는 상상을 통하여서 쾌락을 찾아가는 것조차도 큰타자의 허락을 받아내지 못하였다고 하자. 포르노 영화를 보는 것만으로도 죄스러워하는 심리라고 할 수 있다.

　반응은 어떨까? 일반적인 반응은 이런 수필을 혹평하는 형태로 나타날 것이다. 혹평을 함으로써 자신은 큰타자의 요구에 순응하고 있다는 것을 과시한다. 유사한 형태는 바로 질의자처럼 불안을 느끼는 것이 아닐까? 질의자는 정신분석을 공부한 사람답게 "불안은 상징계의 내입으로 말미암아 영원히 떨어져 나간 실재계가 되돌아올 때 생기면 상징계의 큰 사이로 드러난다."라고 하였다. 질의자의 설명은 '라캉의 이론'을 요약한 것이므로 대단히 어려운 내용이다.

　우리는 세상에 태어나서 자기가 속한 사회에서 살아가기 위해서 사회가 요구하는 규범을 따라야 한다. 태어났을 때의 행동 규범은 쾌락을 쫓아서 행동한다. 배가 고프면 배를 채우고, 갖고 싶으면 울고, 보채면서 욕구에 충실하게 부응하여 행동한다. 그러나 성장하면서 사회에 소속되기 위해서는 자신의 욕구를 억제해야 한다는 사실을 알게 된다. 이때 억제되는 욕구는 우리의 심리에서 되돌아올 수 없는 세계로 추방해버린다. 대신에 심리에는 욕망으로 등록되어서 남게 된다. 추방해버린 세계를 실재계라고 상정하였다. 우리가 살고 있는 현실의 세계를 상징계라고 하였다.

　실재계로 떨어져 나간 가장 기본이 되는 욕구가 성적 욕망이다. 그것은 정신분석 이론에 의하면 오이디푸스 콤플렉스가 된다. 아들이 어머니와 성관계를 가진다는 것은 상상만 해도 죄책감을 느끼는 심리 구조를 형성한다. 수필을 읽고 상상을 통하여 쾌락을 향수하는 사이에 갑자기 실재계로 추방해버렸던 금지된 욕망이 현실로 되살아나는 것이 아닐까, 라고 느꼈을 것이다. 큰타자의 금지를 어겼다는 죄책감이 그것이다. 이럴 때 우리는 불안에 사로잡힌다는 것이 라캉의 이론이다. 잘못을 저지르면 죗값을 치러야 한다. 심리적으로 나는 나쁜 사람이다,라는 식으로 자기 처벌을 하게 된다.

질의자는 중국에서 경험하였던 무지랭이 남자를 애인의 자리에, 또는 성의 대상인 남편의 자리에 놓음으로써 자기 처벌을 한 것이다. 그것이 불안의 형태로 나타난 것이다. 질의자는 현실의 쾌락이 아닌 심리적인 쾌인 잉여향락과 대상 a를 언급하였다. 이것은 라캉 이론에서 고도의 해석을 요할뿐더러 이 수필의 읽기와는 거리가 있으므로 생략하겠다.

나는 이렇게 답하였다. 대부분의 독자는 단순히 쾌락을 즐기는 것인데 반하여 질의자는 불안을 느꼈다는 것은 보편성을 띤 현상이라기보다는 특수성을 띤 것으로 해석한다. 인간들은 개개인이 다를 수밖에 없는 개성을 가진 존재이므로 수필 읽기도 자기 읽기일 뿐이다. 자기의 읽기를 다른 사람에게 강요해서는 안 되는 이유이다.

질의자의 내면에는 너무 강한 도덕적 의식으로 자기의 욕망이 현실에서 이루어지는 데에 대하여 두려움을 느꼈을 것이다. 그의 욕망에는 무지랭이 남자가 자리하고 있었는지도 모른다. 무슨 말이냐 하면 지적이기는 하지만 남자답지 못한 남자가 현실적으로 선호하는 남편감이라면, 그 이면에는 힘이 세고, 원초적인 남성상이 욕망으로 머물고 있었는지도 모른다. 왜냐면 욕망은 영원히 충족될 수 없는 결핍이기 때문에 욕망으로만 머물러야지 충족은 오히려 두려움을 일으키기 때문이다.

〈밀양〉을 읽고

　수필의 문학성을 두고 수많은 논쟁이 시작도, 끝도 없이 이어지고 있다. 그 와중에서 논쟁의 핵심인 문학성은 슬그머니 자리를 피해 버리고 감정적으로 파생된 2차적, 3차적 문제들이 주인 행세를 하는 일도 드물지 않다.

　문학성이라면 우선 '무겁다'라는 중량감이 느껴진다. 예술 일반이 감성적 인식에 무게를 둔다면 문학에서는 의미 구축에서 미를 구한다는 측면이 있다. 따라서 문학성 여부는 감성적인 관점이 아니고 이성적인 관점에서 해석하도록 은연 중에 압력을 가하는 것도 이 '중량감' 때문이 아닐까? 이성이 소여되지 않는 해석은 문학성이 결여된 것으로 평가하는 것은 아닐까? 따라서 수필도 이성적 논리성으로 풀어가려는 것이 아닐까?

　수필은 '가볍게 글쓰기'라는 개념이 암묵적으로 깔려 있다. 그러므로 문학성이라는 다분히 형이상학적인 요구에 대해서는 태생적으로 취약할 수밖에 없다.

가벼운 데서 무거운 의미를 끄집어 낼 수 있는 방법론으로 프로이트를 응용할 수는 없을까? 프로이트는 우리가 삶을 엮어 가면서 저지르는 사소한 실수나 행위에 대해서도 깊은 의미를 부여하기 때문이다. 수필은 바로 삶의 사소한 부분을 소재로 하여 글쓰기를 하기 때문이다.

나는 수필을 '문학성'이라는 거대 담론으로 다루지 말자는 주장을 하고 싶다. 내 삶의 편린을 수필이라는 가벼운 글쓰기를 통해서 바라보고 마음의 안정을 구하자는 실용적인 측면을 주장하고 한다.

문학성이라고 할 때는 '무관심적 쾌'라는 거창한 미 이론을 필요로 한다. 그러나 마음 치료라고 할 때는 무관심성 대신에 실용적인 측면을 강조한다. 실용성이라고 하면 수필은 문학의 한계성을 벗어나서 넓디 넓은 세계로 유영할 수 있다. 문학의 영역보다 한층 더 더 넓은 영토를 확보할 수 있다.

영화 「밀양」을 보면서 절망에서 헤어날 수 있는 하나의 수필 유형을 생각해 보았다. 이창동의 영화 「밀양」은 이청준의 소설 《벌레 이야기》를 원전으로 삼고 있다. 이청준의 소설에서는 아이를 잃은 분노와 슬픔을 해소할 수 없었던 엄마가 자살이라는 자기파괴적인 방법을 선택하였다. 영화에서는 자살 대신에 삶에 숨통을 틔워 주는 해결책을 제시하였다. 수필은 허구가 아니기 때문에 자살로 풀어나가기에는 한계가 있다.

〈밀양〉을 프로이트식으로 읽기를 하면서 수필의 방법론으로 응용할 수는 없을지를 생각해 보았다. 그는 자살을 택하지 않았기 때문이다.

주인공 신애는 아이를 데리고 죽은 남편의 고향인 밀양으로 내려온다. 영화가 진행되면서 시동생을 통하여 남편은 신애를 배신하였다는 사실을 암시한다. 자신을 배신한 남편의 고향에 내려온 이유를 이해하기가 어렵다. 남편에 대한 애정이 미련으로 남아서일까? 결론부터 말하자면 아니다. 그런데도 우리의 삶에서는 이런 현상이 무수히 나타난다.

아버지에게 심한 꾸중을 들은 아들이 자살을 하는 심리적 기전을 프로이트 식으로 설명해보자. 아들은 아버지를 자신의 내면으로 받아들인다.(내입이라고 함.) 미워하면서도 닮아 간다는 심리적 해석을 이르는 말이다. 심층심리학에서는 동일시라고 말한다. 그러므로 자살은 곧 아버지에 대한 복수이며, 아버지의 살해인 것이다.(동일시를 통하여 자신이 아버지이므로) 아버지의 살해는 오이디푸스 콤플렉스로 설명하는 우리의 원초적인 심리 바탕이다.

이로써 신애가 자신을 배신한 남편의 고향에 내려온 배경을 남편에 대한 사랑이 아니고, 복수심의 발로라는 해석이다. 그러나 복수심을 감추고 사랑으로 포장하였던 것이다. 우리의 삶에 투영되는 심리도 이처럼 반대의 현상이 무수히 많다. 그러나 수필쓰기에서는 이것을 자신의 삶의 가치인 양 오도하고 있다. 어쨌거나 영화에서는 신애의 심리적 상황을 은유적으로 보여주는 대목이다.

아들이 유괴당하고, 결국은 죽는다는 사건의 설정을 한다. 이때 겪는 신애의 심리적 방황을 바라봄으로써 내 경험으로 소화하는 우리의 읽기가 시작된다. 수필에서도 어떤 사건이 설정되어야만이 쓰기와 읽기가 성립된다. 우리는 수필 읽기를 통해서 그 사건에 대한 작가의 해석을 만나게 된다.

작가는 이미 정해져 있는 해답을 다시 제시해야만이 문학성을 띤 수필이 되는 것일까? 영화에서도 아이를 잃고 난 뒤의 감정들(분노, 복수, 죽음 등)을 신神이라는 만병통치약으로 해결하려 한다. 이것은 이미 정답으로 확정되어 있는 사회적 합의인지도 모른다. 신애는 마음을 치료하려 만병통치약을 선택하였다.

 범인을 죽이고 싶은 복수심(죽음의 본능)과 신에 의지하여 자신의 생명을 유지하고 싶은 생존욕(에로스 본능)의 갈등에 휩싸인다. 사회에서 요구하는 절체절명의 가치관은 신의 이름을 빌려서 '용서'를 강요한다. 우리 주변을 들여다보면 우리는 내 자신을 꾸짖고, 반성하고, 타인에 대해서는 용서하고 관대하라는 소리가 확성기의 소리처럼 울려퍼지고 있다. 수필에서도 문학성이라는 형이상학적인 용어로 치장하여 끊임없이 정해진 해답만을 제시하라는 요구가 넘쳐나고 있다. 수필을 읽다 보면 그 소리들이 너무 높은 확성기의 소리가 되어서 오히려 소음으로 들리기도 한다.

 신애는 신을 자신의 내면으로 받아들인다. 우리 모두도 그렇게 세상을 살고 있다. 배신한 남편을 받아들여서 남편의 고향으로 내려왔듯이 그는 신을 받아들임으로써 증오나 분노의 심리적 황폐함에서 벗어나 생명을 유지하려고 발버둥친다. 에로스 본능이 발동한 것이다. 그는 교도소로 범인을 찾아 간다. 그를 용서하고, 자신의 생존욕을 충족시켜 주기 위해서이다. 그러나 범인은 이미 신의 용서를 받았다지 않은가. 오히려 신애에게 마음의 평화를 얻으라는 충고까지 하지 않는가.

 신애는 자신을 배신하고 다른 여자와 놀아난 남편을 고뇌하면서도 받아들였다. 우리 사회가 요구하는 보편적인 가치관에 따랐다고 하자. 아니면 내가 생존하기 위해서라고 할까? 자신은 신도 받아들이기 위해 노력하였다. 그러나 신은 내가 아닌 범인을 용서(사랑)하지 않았는가. 이건 자신을 배신한 남편의 행위와 같다. 자신이 복수 대신에 남편을 받아들인 것은 생존욕이 발동하여서이다. 신에 대한 복수는 자신에게 내입되어 있는 신을 죽이기 위해서 자신이 죽음(자살)으로 마감하는 길이다. 이청준의 ≪벌레 이야기≫에서는 이 길을 선택하였다.

　신애는 이 길을 선택하지 않았다. 신을 거부하고 바깥으로 쫓아버린 것이다. 즉 범인을 용서하지 않는 길을 선택하였다. 이것은 사회적 가치관을 구성하고 있는 섭리를 부정하는 행위이다.

　수필쓰기에서 우리는 지금 어떻게 쓰고 있을까? 내가 살아남기 위해서 만병통치약인 사회적 가치관을 받아들이기만 하는 것이 아닐까? 신애는 그 가치를 거부하면서도 자신의 삶을 영속시키는 길을 택하였다.

　〈밀양〉 이후의 에필로그로 신애가 어떻게 살았는지는 모른다. 그 길은 우리가 수필을 쓰면서 끊임없이 모색함으로써 에필로그를 쓸 수 있을 것이다.

　수필에서도 우리가 어떻게 글을 써야 할지를 암시하는 대목이 아닐까?

멋에 대하여

한국미의 특질을 어디서 찾아야 할까를 대학원에서 한 학기 동안 공부하였다. 고유의 미는 특정 예술의 특질을 이루므로 우리 예술을 이해하기 위해서는 반드시 짚어 봐야 할 과제이다. 아직까지 한국미를 한 마디로 딱 부러지게 언급한 것이 없었다. 어쩌면 콕 집어낸다는 것은 아예 불가능한 일인지도 모른다.

앞 시대의 미학자들이 한국미에 관하여 많은 주장을 펼쳤으나 '멋'에 대해서는 변죽만 울렸다. 한국 문학의 특질을 두고 조윤제와 이희승이 벌인 논쟁을 접하면서 우리의 미가 멋에 뿌리를 둔 것이 아닌가 하는 생각을 해보았다. 조지훈이 쓴 멋에 대한 논고를 읽고 관심이 더욱 고조하였다.

조윤제가 1948년에 '국문학'를 집필하면서 한국 문학의 특질을 '은근과 끈기'라고 하였다. 다시 1955년에 발간한 ≪국문학 개설≫에서 국문학의 특질을 '은근과 끈기', '애처로움과 가냘픔', 그리고 '두어라와 노세'로 나누어서 설명하였다. 은근과 끈기는 무궁화의 상징 언어가 되면서 상당히 인기를 끌었고, 많은 사람의 공감을 얻었다.

그러나 이희승이 반론을 펼쳤다. 그는 국문학의 특질을 '멋'이라고 주장하였다. 멋은 쾌감 이상의 쾌감을 주는 동시에 쾌감 이하의 담백미를 준다고 하였다. 중국의 풍류보다는 해학미가 더하고, 서양의 유머보다는 풍류적이라고 하였다. 예로써 한복의 긴 고름이나, 버선코와 신코의 뾰족함, 저고리의 휘장, 섶귀의 날카로움, 한국 가옥의 추녀선을 들었다. 멋의 설명으로 사물의 실용성을 떠나 통일을 깨고 균제를 벗어나는 것이라고 하였다.

간추려 보면 해학성을 수반하고, 일상성에서 살짝 벗어나는 것을 말한다. 즉 규범적인 삶에서 약간의 일탈을 뜻한다.

멋에 대한 논쟁이 뜨거웠던 1950년대 말에 이양하는 〈코리언 오시어시티(korean otiosity)〉라는 수필을 발표하였다. 영국인 스승이 '너희 한국 사람은 조금 게으른 정도로 한가로우냐(idle)라는 질문에 한국인은 오시어스(otiose)하다고 대답하였다면서, 오시어시티에 대한 설명으로 수필을 꾸렸다. 이 설명이 멋에 대하여 직접 설명한 것은 아니지만 유사점이 있어서 옮겨 보겠다.

"커다란 갓, 넓고 기다란 두루마기, 가가 너그럽고 풍채있는 바지저고리, 뚱뚱한 버선과 그 버선이 넘쳐 땅에 닿으리만큼 운두가 낮은 갖신, 그리고 기다란 담뱃대를 휘휘 내저으며 갈 지자之로 한 걸음, 두 걸음 발을 옮겨 놓는 걸음새, 천하는 태평춘太平春이요, 해는 길기도 하다. 여유와 방자, 한가와 안일, 무위와 나태, 이것이 곧 오시어시티요,

이것이 우리 조선 사람의 특질이다."

이어서 한국인의 마음과 행동이 동動보다는 정靜을 희구하는 편에 속해 한국인을 무위와 나태로 잘못 볼 수 있다고, 하였다.

이 글은 멋을 직접적으로 언급하지는 않았지만 멋의 설명과 맞아 떨어지는 부분이 많다. 즉 현실적이지 못한 삶의 태도와 편리함이라는 주요 가치에 일탈한 것으로 보았다. 멋쟁이라고 하면 현실의 힘든 생활과는 거리가 있는 사람으로 인식한다. 그만큼 '멋'은 보통 시민들의 일상적인 삶과 격리되어 있는 느낌을 준다.

조지훈은 1964년에 〈멋의 연구-한국적 미의식의 구조를 위하여〉라는 논문을 발표하면서 멋에 대한 체계적인 연구를 하였다. 미를 표현하는 한국어의 어휘로 '아름다움'과 '고움', 그리고 '멋'이라고 하였다. 아름다움은 미(beauty)라는 서양어로 번역이 가능하나, 고움과 멋은 번역이 어렵다. 그 중에도 멋은 정상적인 미의 개념(아름다움)을 변형하여 체득한 한국 고유의 미라고 규정하였다. 번역 불가능이라는 멋에서 한국인 특유의 미의식을 찾을 수 있다고 하였다.

멋에는 형태미와 표현미, 정신미로 나누어서 내용을 설명하였다. 형태에서는 수학적 균제미를 적용할 수 없다. 규범과 규율을 벗어나는 일탈의 미를 보여준다. 가야금 산조에서 보여주듯이 우리의 가락은 서양의 음악이 갖는 엄격한 양식의 음률이 없다. 빈틈 없는 규칙으로 규정되지 않으므로 순간의 감정인 흥취와 어우러져 곡선적 형태를 띤다고 하였다.

표현은 곧 정신의 외피이다. 멋의 표현은 멋을 체득하여 완숙한 경지를 넘어선 뒤에, 다시 개성이 표출되는 형식으로 나타난다. 멋은 처음부터 멋내려고 해서 나타나는 것이 아니고, 원숙해진 다음에 저절로 발로되는 것이다. 추사의 글씨가 보여주는 고졸함은 미숙함에서 오는 것이 아니고, 완숙한 뒤에 흥취가 더해져서 저절로 발로된 것이다. 멋은 일종의 왜곡이다. 여유의 표현이며, 유희의 기분이 드러난 것이다. 왜곡은 현실적인 삶의 일탈과, 유희성은 해학성과 바로 직결된다. 따라서 멋은 낙천적인 정신성의 표현이며, 삶에서 잠시 벗어난 감정의 표출인 것이다.

삶에서 빚어지는 현실의 아픔을 벗어나고자 실용적인 것과는 무관하게 일어나는 미적 충동이다. 멋의 효용성은 사회의 규범이나 법칙에서 벗어남으로 울적한 마음을 후련하게 해주는 데에 있다. 이로써 조화와 질서와 흥취가 아우러지는 생활의 미가 창출된다.

따라서 멋은 격식에 맞으면서도 격식을 뛰어넘는 초격미超格美이다. 이것은 사회의 가치를 인정하고 지키려는 고고성과, 사회의 규격을 일탈하려는 통속성을 동시에 지니고 있다. 멋은 현실을 한 발 물러서서 바라보는 낙천성이 있다. 낙천성은 유유자적하는 자연인의 생활과 기쁨을 외부의 조건에서 구하지 않고, 마음으로 즐기려는 낙토樂土의 경지를 일컫는다고 하였다.

실제로 조지훈이 쓴 수필 〈멋 說〉을 통하여 그가 주장한 핵심을 살펴보자. 서두를 이렇게 시작하였다.

"어떤 이 있어 나에게 묻되, '그대는 무엇 때문에 사느뇨?' 하면 나는 진실로 대답할 말이 없다.

　곰곰이 생각해보니 살기 위해서 산다는 밖에 다른 도리가 없다. 산다는 그것밖에 또 다른 삶의 목적을 찾으면 그것은 목적이 아니고 도리어 사는 수단이 되기 때문이다. 하나의 삶에서 부질없이 허다한 목적을 찾아낸들 무슨 신통이 있는가. 도시 산다는 내가 누군지 모르고 사는 판이니 어째 살고 왜 사는 것을 모르고 산들 무슨 죄가 되겠는가. (후략)"

　"멋을 멋있게 하는 것이 바로 무상無常인가 하면, 무상을 무상케 하는 것이 또한 '멋'이다."

　삶의 목표가 그냥 사는 것이라고 하였다. 다분히 노장사상의 자연무위가 느껴진다. 한편으로는 목적 없이 산다는 데서 칸트의 '무관심성'도 느껴진다. 이 말을 액면 그대로 받아들인다면 멋에는 고고성과 통속성의 이중성이 있다는 그의 주장과 다르게 느껴진다.

　그러나 삶에 대한 무관심성이라기보다는 삶의 고통을 잠시 벗어나므로 오히려 고통을 극복하려는 지극히 현실적인 삶의 태도를 나타내는 것이 아닐까. 그래서 격식에 맞으면서 격식을 뛰어넘는 초격미를 주장한 것이 아닐까.

　신석정은 〈멋〉이라는 제목의 수필을 이렇게 시작하고 있다.

"매양 꽃밭을 어정거리고 일초일목一草一木에 마음 가는 때가 늙어 가면서 나는 스스로 늙었음을 깨닫는 때가 많다. 어찌 생각하면 소란한 세상을 되도록 멀리 하고 싶은 심정에서 온 버릇인지 모른다."

세상을 멀리 하고 꽃밭을 어정거리며 풀 한 포기, 나무 한 그루에 마음을 쏟는 것을 멋이라고 하였다. 조지훈의 〈멋 說〉과 상통한다.

이쯤에서 멋의 사전적 뜻을 새겨보는 것도 의미가 있다. '옷 차림새, 행동, 됨됨이 등이 흥미를 자아내는 세련된 상태나 아름다움'이라고 하였다. 이때의 멋은 외향적인 형태를 설명하고 있다. 됨됨이라고 할 때는 정신적인 의미를 담고 있다.

'세련된 상태'를 어떻게 읽어야 할까. 흥미를 자아낸다는 것은 일상의 규격에서 벗어남으로써 관심을 끈다는 뜻으로 읽어진다. 세련은 일상의 규격에서 벗어나긴 하되 사람들의 일상적인 생활 방식보다는 더 높은 차원의 삶의 태도 내지 방식이다, 싶다. 하층민의 생활 태도를 세련이라고 하지 않는다. 여기서는 극도의 절도를 강조하는 선비 정신이라고 하는 고고성이 느껴진다.

한편으로는 '멋대로'라는 말에서 멋은 약간의 다른 뉘앙스를 지니고 느껴진다. '아무렇게나 하고 싶을 대로'라는 뜻이므로 격식 따위는 무시해버렸다는 뜻으로 읽는다. 그러나 '멋없다'라고 하면 격에 어울리지 않게 아주 싱겁다는 뜻이다. 사전적인 의미를 살펴보니까 이중적이고, 대립적인 뜻을 공유하고 있다. 격을 무시하지 않으면서 격을 벗어난다는 설명이 가능해진다. 그렇다면 실제의 행동 양식에서 어떻게 나타날까.

멋에서 주목해야 할 또 하나의 사항은 해학성이다. 멋이 격식에서 벗어나는 부정적 이미지를 웃음으로 덮어 버리려는 고도의 전략일 것이다. 전략은 유희성이라는 포장을 하여 나타내는 것이다. 이것은 사회의 규격에서 벗어나려는 통속성이기도 하다.

선비들의 고고한 정신성이 멋과 관련이 있지만, 선비들의 자로 잰 듯한 삶의 규범성을 멋이라고 하지 않는다. 느슨한 삶의 태도에서 멋을 찾는다. 느슨한 삶의 태도는 해학과 연결되는 수가 많다. 그리고 웃음으로 이어진다.

해학미는 익살에서 느껴지는 아름다움을 말한다. 웃음의 미학이다. 플레스너는 웃음의 미학에 관하여 베르그송의 연구를 수용하였다. "웃음은 어떤 방식으로든지 인간적인 것을 회상하게 하고, 생명적인 것을 보여준다."라고 하였다. 우리의 삶이 사회 규범의 기계적인 경직성 때문에 고통받고 좌절할 때 사회 현실이 잘못되었음을 지적한다. 그리고 생명감이 넘치는 사회로 되돌아가기를 요구하는 몸짓이라고 하였다.

해학은 유희성, 즉 놀이와 친연 관계가 있고, 웃음과는 표리부동한 관계를 맺는다. 놀이는 자유로운 환상이 바탕이 되어서 심심풀이로 이루어진다. 놀이는 현실과 가상 사회, 속박하는 것과 속박받는 것 사이에서 웃음으로 반응하는 한 마당이다. 일종의 사회적 몸짓이고, 미학의 한 형태인 것이다.

조지훈과 신석정의 수필에서 말하는 멋을 현실 사회에 반응하는 인간의 몸짓이라는 개념에서 보면 적극적인 돌파가 아니고, 소극적인 도피라는 생각이 든다. 웃음으로 극복하기보다는 고통을 회피함으로써 마음의 평정을 누리고자 하는 이기적 태도로 느껴진다. 왜냐면 신석정은 노골적으로 "소란한 세상을 되도록 멀리하라."라고 말하였다. 조지훈도 낙천성을 유유자적하는 자연의 생활에서 얻는다. 기쁨을 외부에서 구하지 않고 내부에서 즐기는 낙토의 경지라고 하였음은 같은 맥락으로 읽을 수 있다.

대부분의 사람들은 속박을 받으면서 가난에 묻혀서 그늘진 세상을 살아간다. 초야의 백성들에게 '유유자적하는 자연인의 생활'은 하나의 가상이고, 환상일 뿐이다. 그들은 현실을 도피하고자 해도 방법이 없다. 그들이 현실을 극복하고 넘어서는 방법은 세상을 멀리 하는 것이 아니다. 놀이의 해학미를 직접 수용하여 웃음으로 가슴 후련하게 속풀이를 해보는 것이 최상의 방법이다. 멋을 여기서 찾아야 한다. 놀이 한 마당에서 웃음으로 넘겨버리는 데서 찾아야 한다. 하회 마을에서 수백 년 동안 이어지고 있는 탈춤의 해학성에서 한국인의 멋을 찾아야 한다. 양반의 억압 속에서 살아야 했던 천민들의 울음이 탈춤의 웃음 속에 녹아 있다.

플레스너는 웃음과 울음을 내적인 것이 육체적으로 나타나는 인간 존재의 거울이고, 계시라고 하였다. 웃음과 울음은 대립적이고, 양가적인 요소가 아니고 한 묶음으로 묶여 있는 동질성의 실체이다. 사람은 한껏 웃음을 터트리고 나서는 오히려 서글퍼지기도 하고, 실컷 울고 나면 오히려 가슴이 후련해지는 혼합 감정을 가지고 있다. 인간의 감정은 이중성과 혼합성으로 구성되어 있다. 멋은 이 혼합적인 감정을 적절하게 활용하여 평정을 유지시켜 주는 역할을 한다.

　웃음은 사회적인 몸짓이므로 서민들의 우울한 웃음에는 반항이 깃들어 있고, 재치있게 비판하는 풍자가 있다. 웃음의 근저에는 윤리성이 있기 때문에 해학의 미학에는 사회 고발의 정신이 있고, 비정한 쾌감이 들어 있다. 김삿갓의 시에서 많은 사례를 만날 수 있다. 수필에 해학미를 받아들이면 읽기에 재미를 줄 뿐 아니라 은유적이고, 암시적인 사회 비평을 담을 수 있다.

　조선 초기의 유학자인 강희맹이 ≪촌담해이≫이라는 잡지를, 즉 오늘의 수필집에 해당하는 책을 저술하였다. 내용으로 남녀 정사에 관한 것을 담았다. 군자의 도를 삶의 절대가치로 추종하면서 살고 있는 유학자의 책이라서 더 흥미롭다. 이 책은 '세상 사람에게 교훈을 주는 성현의 가르침이 아니고 잡스런 이야기나 담고 있다.'는 비난을 받았다. 이에 응수하기를 "비록 이야기는 저속한 것일지라도 지극한 이치가 포함되어 있어서 이것을 잘 이해하기만 하면 모든 수신제가치국평천하의 교훈으로 삼을 수 있으니 그 공효에 있어서 옛 성현의 말씀과 다름이 없다."라고 하였다.

　조선의 유학자들은 잡저라고 하는 이런 종류의 책을 많이 남겼다. 오늘의 개념으로 분류하면 수필집에 해당한다. 한국의 고전 문학에 해학미가 깃든 것은 뿌리가 깊을뿐더러 아주 광범하다. 고려시대의 이인로와 이제현의 ≪파한집≫이나 ≪역옹패설≫에서 조선 말의 박지원의 글까지 긴 전통을 지니고 있다. 그렇다면 해학미는 한국미의 특질을 이룬다고 할 수 있다.

유희성의 해학미는 문학에만 국한하지 않는다. 서민들이 즐겼던 ≪춘향전≫이나 ≪흥부전≫의 판소리는 웃음이 바탕을 이룬다. 지배 계층을 비도덕적이고 탐욕스런 착취자로 비하함으로써 도덕적 우월감을 느끼게 하여 웃음을 유발한다. 판소리의 사설은 민간에서 즐기고 있던 민담을 한시漢詩에 능한 사대부나 중인들이 가필하여 무대용으로 다듬은 것이다. 무대 공연은 청중을 필요로 한다. 민중으로 구성된 청중에게 감정적으로 공감을 일으켜야 한다. 그러기 위해서는 민중의 고달픈 삶을 표현하여 동질감을 느끼게 하고, 동시에 해학적인 표현으로 웃음을 주므로 현실의 삶에서 잠시 탈출하게 해준다. 이렇게 하여 탄생한 ≪춘향전≫이나 ≪흥부전≫, ≪심청전≫은 양반도 즐겼고, 머슴살이하는 늙은 총각도 즐겼다. 이로써 해학미는 곧 한국미의 특질임을 말한다.

사대부들이 서권기와 문자향을 주장하면서 문인화에 빠져 있을 때에 일반 여염집에서는 속화라고 부르는 민화를 집집마다 걸어놓고 즐기고 있었다.(오주연문장전산고) 산신이나 산군으로 대접하는 호랑이를 그린 민화는 감상자에게 웃음을 선사한다. 호랑이를 희화화했기 때문이다. 민화는 민중들이 즐긴 그림이지만 사대부들도 즐겼다. 웃음을 주는 그림을 즐긴다고 하여 감상자가 즐거운 삶을 누린다는 것은 아니다. 우리가 욕망하는 것은 내게 결핍된 것이라고 하였다. 현실에서 없는 웃음을 민화를 통하여 충족시키려 하였다. 한국 예술에서 해학미가 하나의 특질임을 보여주는 사례이다. 여기에 멋의 묘미가 있다.

현실의 고달픔에 매몰되어 버리지 않고 고달픔을 초월하여 삶에 생기를 되찾는 것이야말로 멋이 아닌가. 현실의 규범에 속박되지 않고,

오히려 벗어나서 아름다움을 감수하는 지혜가 바로 멋이다. 멋의 이중성은 이렇게 형성된다. 규격을 지키면서도 규격을 벗어나는 초격미인 것이다.

영화 〈서편제〉는 사양의 길로 접어든 우리 음악을 다룬 슬픈 영화이다. 장터에서 판소리를 공연하며 살아가는 일가족은 새로운 예술 상품인 영화를 선전하러 서양 나팔을 불면서 장터를 누비는 사람들을 만난다. 사람들은 그들을 따라 썰물처럼 빠져나가 버린다. 유봉의 가족은 저녁 귀가 길에 마을 어귀에서 〈아리랑〉 가락에 따라 한 마당 놀이를 펼친다. 우리는 〈아리랑〉을 슬픈 가락의 상징처럼 알고 있다. 그러나 유봉 일가가 〈아리랑〉 가락에 맞춰 벌인 풍물 마당은 흥취가 넘쳐나는 굿마당이었다. 신명이 넘치고, 기쁨이 충만한 한 마당이었다. 한도, 슬픔도 없는 웃음과 환희의 한 마당이었다. 우리에게 '멋'이 넘치는 삶의 한 자락을 보여 주었다. 그러나 웃음과 신명이 전부가 아니었다. 웃음 뒤에는 흥건히 밴 물기가 방울이 되어서 떨어지듯이 아리랑 가락을 타고 삶의 슬픔이 흘러내리고 있었다. 이것이 한국미의 특질이고, '멋'의 진수이다.

오늘의 수필쓰기는 지나치리만큼 문학성을 요구함으로써 시시하고 잡스런 이야기는 발을 못 붙이게 한다. 수필다운 수필을 주장하여 좋은 수필, 값진 수필이라는 가치 판단적인 평가 기준을 만들어서 발목을 잡는다. 수필에 담아야 하는 작가의 체험과 이야기를 작가의 인품에서 우러나온다고 함으로써 진솔한 자기 이야기 담기를 두려워하게 하였다. 수필의 품격론은 오늘의 수필을 엄숙주의와 경건주의에 매몰시켜 버렸다. 해학을 기조로 하는 고전 수필의 특질을 훼손하였다.
　한국미의 특질을 '멋'이라고 하였다. 멋은 일상의 격을 살짝 벗어나는 일탈에서 미를 구한다. 수필에서 다시 멋을 찾아야 한다. 멋은 격을 지키면서도 격을 벗어나는 초격의 미이고, 일탈의 미이다. 엄숙주의 빠져 잃어버린 웃음을 다시 찾아야 한다. 웃음 뒤에 눈물이 맺혀 있는 수필이야말로 '멋'의 수필이다.
　"비록 이야기는 저속할지라도….".라고 말한 강희맹의 언설은 되씹어 볼 만한 가치가 있다.

한국 수필의 전통, 그 해학미

우리나라에 수필이라는 양식의 글이 고래로부터 이어져 오고 있다. 수필이라고 하여 오늘의 수필 개념으로 정의할 수는 없지만 '붓 가는 대로 자유로이 쓴' 견문기나 체험담, 감상문, 소론 등의 글이 범주에 속한다. 내용면에서는 일기문, 기행문, 감상문, 명상적인 글 등등 광범하다. 에세이라고 할 수 있는 글도 많다.

수필류에 속하는 모든 글을 다루고자 하는 것이 아니다. 선비들이 잡저雜著라고 부르면서 가볍게 쓴 글이 담고 있는 해학성을 살펴봄으로 전통성을 찾아보고자 한다. 왜냐면 잡저라고 부른 글이 가장 수필 양식에 가까운 글이기 때문이다. 조선 시대의 후기에 서민 문학이 발흥하면서 해학적 표현은 하나의 형식을 이루므로. 해학미를 한국 수필의 특성이면서 또한 전통으로 보고자 한다. 우리 수필이 지향해야 할 방향도 여기서 찾아보고자 한다.

여말선초에 선비들이 쓴 글에서 수필이라고 이름 붙일 수 있는 글은 ≪동문선東文選≫에서 분류한 양식에 잡저라고 분류한 글이다. 대체로 문인 사대부들이 자유로운 형식으로 쓴 글로써 오늘의 개념에서 수필이랄 수 있다. 여말선초에 선비 계층이 쓴 잡저류를 대상으로 해학미를 추출해 보았다.

이규보가 쓴 〈경설鏡說〉을 예문으로 읽어 보자.

> 거사가 거울을 한 개 가졌는데 먼지가 끼어서 흐릿한 것이 꼭 구름에 가리운 달빛과 같았다. 어떤 나그네가 그것을 보고 묻기를 '거울이란 얼굴을 비추는 것이요, 그렇지 않으면 군자가 이것을 보고 맑은 것을 취하는 것이다. 지금 그대의 거울은 흐릿한 것이 안개 낀 것과 같은데, 그래도 그대는 오히려 늘 비춰보고 있으니 그것은 무슨 까닭인가.' 하였다. 거사가 말하기를 '거울이 맑은 것을 좋아하는 사람은 잘생긴 사람이다. 못생긴 사람은 그것을 싫어한다. 그러나 잘생긴 사람은 적고, 못생긴 사람이 많기 때문에 만일 한 번 보면 반드시 깨뜨려서 부숴 버리고야 말 것이니 이는 먼지에 흐려져 있는 것만 같지 못하다. 먼지로 흐리게 된 것이 그 겉은 부식되었을지라도 그 맑은 바탕은 없어지지 않는 것이니, 만일 잘생긴 사람을 만난 뒤에 다시 갈고 닦을지라도 늦지 않다. 야! 옛적에 거울을 보는 사람은 그 맑은 것을 취했겠으나 내가 거울을 보는 것은 흐린 것을 취하는 것이니, 그대는 무엇을 이상스럽게 여기는가.' 하니 객은 대답할 말이 없었다."[1]

거울은 본래 맑게 하여 들여다보아야 한다. 흐린 거울을 들여다보

---

[1] 說은 한문학 文體의 한 양식으로 어떤 사물을 해설한다는 뜻이다. 분류상으로는 論에 포함시킬 수 있다. 이규보의 '說'은 짧은 글로서 콩트 같기도 하고, 에세이 같기도 하다.

는 엉뚱한 짓을 하는 선비에게 난처한 질문을 한다. 이를 모면하는 선비의 말은 아주 논리정연하면서도 풍자와 웃음이 포함되어 있다. 글을 읽고 나면 미소가 번진다.

한국인은 난처한 경우를 만났거나, 억울한 일을 당하면 역설적으로 여유의 미소를 나타낸다. 해학으로 모면하려는 것이다. 민족이나 집단에 따라서 어려움에 대처하는 고유의 방법이 있다. 말하자면 특정 문화의 고유한 문법인 것이다. 한국인의 문법은 웃음을 흘리며 절망을 씻어내거나, 짓궂은 짓을 함으로써(풍자를 함으로) 난처함을 풀어가는 것이 우리 문화의 문법인 것이다. 웃음은 신라의 와당이나, 삼국시대의 불상에서 수없이 나타나므로 전통성을 강하게 지닌 한국이 전형이다.

고려시대의 선비인 이인로가 파적 삼아 썼다는 ≪파한집破閑集≫에도 해학과 역설이 넘쳐나고 있다. 심심함을 벗어나려 가볍게 썼다는 글이 출판이 어려웠던 시절에 문집으로 만들어져서 전해오는 것을 어떻게 설명해야 할까. 잡저 형식의 글이지만 절대로 가볍게 다루지 않았음을 보여주는 증좌가 아닐까. 그만큼 해학과 역설은 우리 문화의 바탕을 이루고 있음을 말해주는 것이 아닐까.

이제현은 고려말을 대표하는 선비이다. 그가 남긴 수필집의 제목을 ≪역옹패설≫이라고 하였다. 쓸모없는 늙은이가 쓴 잡스런 글이라는 뜻이다. 이제현의 잡스런 글도 문집으로 꾸며져서 전해진다. 시평도 있고, 문화를 다룬 내용도 있는 글을 '패설'이라고 이름 붙인 것은 분명히 해학이 한국 문화의 문법임을 말하고 있다.

어떤 이가 이제현에게 이렇게 말하였다. '그대가 전집에서 기술한 바는 조종세계의 장대한 내용과 유명한 공경의 언행도 그 속에 많이 실려 있으나 결국은 골계담으로 끝을 맺었다. 후집은 경사를 강론한 내용은 별로 없고 장구를 쪼고 파낸 내용뿐이니 어찌 그에 대한 조심이 없는가? 이 어찌 단아한 선비와 씩씩한 장부로서 감히 할 일인가?' 내가 이에 이렇게 대답하였다. '둥둥 북을 친다.'라는 말은 ≪시경≫의 패풍에 속해 있고, '너울너울 춤을 춘다.'라는 내용은 ≪시경≫의 소아에 들어 있다. 하물며 이 기록은 본시 무료하고 답답함을 몰아내기 위하여 붓 가는 대로 쓴 것이거늘 그 속에 희롱의 글이 있음을 어이 괴이하다는 말인가? 공부자孔夫子도 장기나 바둑을 두는 것이 아무 생각도 않는 것보다는 현명한 일이 아니라고 했으니 장구를 가다듬는 일은 바둑이나 장기를 두는 일에 비하면 훨씬 나은 것이 아니겠는가? 또한 이와 같은 내용의 글이 아니라면 구태여 이름을 패설이라 하겠는가.

이제현은 패설을 무료하고 답답함을 달래려 붓 가는 대로 쓴 글이라고 하였다. ≪역옹패설≫ 형식의 글은 조선 시대에 골계집, 외설담, 소화집笑話集의 양식으로 이어진다. 패설의 설명을 통하여 자신이 '패설'이라고 규정한 양식의 글이 그 시대에도 쉽게 받아들여진 것은 아니었음을 알 수 있다. 이제현은 이런 양식의 글을 공자를 끌어와서 의미 있는 글이라고 강조하였다. 고려시대에 시중에 유행하였던 가사나 이야기 등의 문화 양식은 거의 알려져 있지 않아서 알 수가 없다. 그러나 이제현의 패설은 시중의 문화 양식이었으리라는 추측을 가능하게 해준다. 선비들이 남긴 잡저 양식의 글을 통하여 시중에 유행하였을 해학미를 엿볼 수 있다.

조선 초기의 선비들이 남긴 잡기 또는 잡저가 '붓 가는 대로'의 글쓰기 양식으로 쓰여진 글이다. 서거정의 ≪필원잡기≫, 성임의 ≪태평통재≫, 성현의 ≪용재총화≫는 저자들이 조선을 대표할 만한 유학자들이라는 특징이 있다. 이외에도 이륙의 ≪청파극담≫, 어숙권의 ≪패관잡기≫, 이자의 ≪음애일기≫로 잡기류의 글이다. 파적거리로 쓴 글은 재미가 우선이다. 조선의 선비들이 즐겨 쓴 잡저가 단순히 웃음만 제공하는 것이 목적이라면 기록으로 남길 이유가 있을까. 웃음 뒤에는 역설적인 의미를 담고 있음으로 오늘까지 전해 온다. 따라서 잡저라고 부르는 글의 공통적인 특징은 해학성이다.

공자도 이제현의 말처럼 인간의 도리라는 장중하고, 무게감 있는 강론만 하면서 인생을 꾸려 간 것은 아니다. 바둑도 두고, 노래도 하면서 살았다. 우리의 삶이란 일탈에 의한 해방감을 맛보고, 욕망을 채우기를 꿈꾸는 것이 큰 부분을 차지하고 있다. 유학자들이 쓴 잡저에는 욕망하는 인간의 한 면을 다루고 있다. 피천득이 수필의 미학을 파격의 미라고 말한 것과 일맥상통한다.

재치있는 웃음 뒤에는 인간의 일상생활에서 일어나는 졸렬한 삶에 대한 고발도 있다. 잡저에 나타나는 해학은 웃음을 자아내는 글이지만 근저에는 윤리성이 짙게 깔려 있다. 해학미란 윤리성에 뿌리를 두었기 때문에 인생을 바라보는 깊은 안목을 가진 자만이 능숙하게 구사할 수 있는 글이다.

속담에 이르기를 '하루의 우환은 술이요, 일년의 우환은 비좁은 가죽신이며, 평생의 우환은 성질 사나운 마누라이다.'라고 하였다. 또 말하기를 돌로 쌓은 담이 배가 부르고, 아이가 말을 많이 하거나, 살림이 헤픈 아내는 쓰지 못한다,라고 하였다. 말은 비록 속되나 역시 진리를 간직한 격언이다.

— 성현의 ≪용재총화≫에서

이 글의 특징이라면 아내를 빗대어서 웃음을 이끌어 내는 해학이다. 그러나 "비록 속되나 진리를 간직한다."라는 성현의 말이 '잡저'라고 하는 '붓 가는 대로'의 글을 가장 잘 설명하고 있다. 한국 고전 수필의 특질이랄 수 있는 해학이 윤리성에 바탕을 두고 있음을 보여준다. 또한 해학미로 격상될 수 있음을 잘 설명하고 있다.

조선의 중, 후기로 이어지면서 이항복의 일화와 박문수의 민담적인 이야기들이 일회적인 웃음만 주기 위한 이야기가 아니다. 한국의 고전에서 끈끈하게 이어지는 해학미의 전통을 보여주는 것이다.

조선 후기에 이르러 자본주의 경제가 자라나고, 서민들의 신분이 격상되는 시대상이 나타난다. 사대부가 전통적인 한문학에 빠져있는 한편으로는 중인층의 여항문학, 서민층의 평민문학이 꿈틀거리는 것이 시대 문화의 한 양상이 되었다. 결과로 평민층의 판소리와 탈춤은 조선 후기 문학의 주류를 이룰 만큼 번성하였다. 이때의 특징이라면 변모하는 사회 속에서 나타나는 부조리를 희극적으로 묘사하는 양식의 글이 나타난 것이다. 판소리 가사나 탈춤의 사설이 한국 문화의 전통인 해학을 보존하는 역할을 하였다.

　김삿갓은 사대부 출신이고, 지식층에 속한다. 사회 변천의 와중에 휩쓸려 주류를 벗어남으로 한 발 물러서서 사회의 부조리를 바라 볼 수 있게 된다. 그의 글은 당연히 해학으로 바뀌어져서 은근슬쩍 사회 비판을 하고 있다. 과객이라는 입장에서 양반가의 사랑방을 드나들면서 위선에 사로잡혀 거들먹거리고, 호언장담이나 하는 모습을 보아왔다. 현학적이고, 군자연하면서도 약한 자들을 푸대접하는 양반들을 꼬집는 글을 남겼다.

　　天長去無執　花老蝶不來
　　하늘이 커서 잡을 수 없고, 꽃이 늙자 나비도 오지 않는구나.
　　菊樹寒沙發　枝影半從地
　　국화나무는 찬 모래에서 피고, 가지 그림자는 반쯤 땅을 쫓더라.
　　江亭貧士過　大醉伏松下
　　강변 정자 옆을 가난한 선비가 지나다가. 취해 소나무 아래에 엎드렸네
　　月移山影改　通市求利來
　　달이 옮겨가자 산 그림자 달라지고, 저자를 통해서 이익을 얻으러 오더라.

　이 시의 본래 뜻은 위에 번역한 내용이다. 그러나 둘째 행부터 음독을 하면 국수 한 사발에 지영(간장) 반종지가 된다. 이도령이 변사또

잔칫날에 찾아 갔을 때의 빈약한 술상을 생각나게 한다. 국수에 간장 반종지만 달랑 얹혀 있는 밥상을 받았음을 표현하였다. 강정에, 대추에, 복숭아는 아마도 양반들이 받아 든 밥상이 아니었을까. 칙간의 구린내가 남직도 하다. 이것은 하나의 말장난이다. 그러나 말장난을 이용하여 양반네를 비꼬는 글이다.

이은상은 우리의 해학은 지식에서 출발하는 것이 아니고, 지혜에서 출발한다고 지적하였다. 우리의 해학은 학문으로 쌓은 지식으로 만들어내는 것이 아니다. 섬광처럼 번득이는 지혜가 발동하여 순간의 상황을 적절히 응용하여 해학으로 담아내는 것이다. 겨우 과객의 입장인 김삿갓이 신분 사회의 부조리에 저항하는 날카로운 비평도 실려있다. 이것은 지식의 소산물이 아니고 지혜에서 생겨나는 순간의 재치이다. 우리 수필이 해학성을 되찾으려면 음미해 볼만 한 가치가 있다.

패설 또는 잡저라고 불렀던 글쓰기의 전통은 격식에서 조금 벗어난 양식을 취하고 있다. 이와 같은 변형(초격미)을 조지훈은 '멋'이라고 하였다. 즐거움이라든지, 의미를 담는다든지 하는 문학의 일반 격식을 유지하면서도 구성상의 묘미를 최대로 살려 극적 긴장감을 주거나, 해학을 이끌어 낸다. 단순히 웃음만이 목적이라면 우스개라고 하는 말장난으로 끝나버리지만 비판의식이나 인생의 묘미를 함축하고 있기 때문에 수필로서 가치를 지닌다. 더 나아가서 오늘의 수필 영역을 넓힐 수 있는 방향을 제시해 준다.

마광수는 오늘의 수필이 너무 무거운 주제를 다루거나, 사회에서 수용하는 가치만을 내세우므로 엄숙주의에 빠져 있다고 비판하였다.

경건주의와 엄숙주의로서는 사회 비평의 기능을 하기 어렵고, 해학을 담아내기도 어렵다.

　서민들의 평민문학이 나타나는 시기에 맞추어서 판소리와 민화도 유행하였다. 판소리와 민화는 민중 속에서 태어나 민중의 사랑을 받는 서민 예술이라고 말한다. 그러나 사대부들도 즐겼으므로 한국적인 예술양식이라고 하는 것이 옳다. 수필도 마찬가지이다. 전통 문학에서는 잡저로 불릴 만큼 민중 취향적이다. 판소리가 언어 유희적 요소가 강한 만큼 수필도 언어 유희성이 강하다. 민화도 마찬가지이다. 무명화가들이 아무런 기교도 부리지 않고 그린 질박하면서도 어리숙한 그림이라고 한다. 무서운 호랑이를 바보스럽게 표현함으로써 친근감을 느낀다. 이것이 바로 민화의 해학이다. 그뿐 아니고 시골 곳곳에 남아 있는 장승의 얼굴은 귀신을 쫓기 위해 무서운 표정을 하고 있다. 그러나 장승의 얼굴은 무섭기는커녕 오히려 웃음이 나온다. 한국인의 정서 속에 면면히 흐르는 해학성이 바로 한국 문화의 문법임을 말해 주고 있다.

　이처럼 한국인의 해학미는 예술의 모든 분야에서 나타난다. 김삿갓의 글에서, 박지원의 글에서 넘쳐나던 해학이 요즘의 수필에서 사라져 버렸다. 이유를 어디서 찾아야 할까. '붓 가는 대로'라는 수필론이 최근에 와서 형식론에 밀려나면서부터가 아닐까. 형식론과 품격론은 우리의 수필을 엄숙주의와 경건주의에 빠뜨렸다.

　한국미의 원류는 야나기 무네요시가 말한 '한'의 미도, 백색의 미도 아니다. 고유섭은 '어리숙하면서도 아해의 성격을 띤 유머가 깃든 것'

이라고 하였다. 바로 해학성을 말하는 것이다. 그리고 천진한 미소라고 하였다. 한국인은 야나기 무네요시가 말하듯이 비록 한 많은 삶을 살아왔더라도 한을 삭여내는 지혜를 가지고 있었다. 웃음이 소리 없이 배어나오는 미소에서 찾았음을 우리의 전통 예술이 잘 보여주고 있다. 그뿐 아니고 한 가락 신명을 펼치지 않았는가.

  현대수필에서 웃음을 복원하는 일이 무엇보다도 시급하다. 이것은 단순히 웃음을 찾자는 것이 아니고, 해학미라는 한 단계 높은 미학으로 확립함으로써 한국 수필의 전통을 회복하자는 것이다.

제3부

수필은 있어도 문학은 없다?

- 김양헌에게 답한다

- 김양헌

지면에서나마 오랜만에 김규련 선생님을 만났다. 종심소욕從心所欲의 연치를 넘으신 지가 한참이니, 구미에 계실 때 맺은 인연이 벌써 십 년도 더 지났다. 하긴 말이 인연이지 포항으로 가신 후 당장 관계되는 일이 없다고 안부조차 한번 여쭙지 않았으니, 홍진에 뒹구는 소인배의 마음이란 이렇듯 한심하다. 찜찜한 심정으로, 옛 제자들이 정성으로 선생님을 모신 글 〈잃어버린 그림 한 장〉을 읽으며 홀로 부끄러움을 감춘다.

≪대구문학≫(2002년 겨울호)에는 이 외에도 열네 분의 수필이 실려 있다. 사람살이의 애절한 사연, 여행에서 얻은 견문, 일상의 사소사에서 깨달은 생의 의미 등을 담고 있는 작품들이 모두 나름대로 감동을 주는 바가 있다. 대개의 작품들이 수필이 일반적으로 추구하는 세계를 무리 없이 표현하였고, 그것을 담아내는 형식 또한 가지런한 편이어서 비평의 대상이 될 만한 특이한 사안을 찾기는 어렵다. 십여 년

전부터 간혹 읽곤 했던 수필이란 것의 느낌이 편안하게 다가올 따름인데, 이것은 아마도 별반 티나지 않는 형식에 일상적인 정서와 평이한 인식이 실려 생겨나는 도덕적 당위성 때문일 터.

이런 편안함이나 잔잔한 감동이 필요 없는 정서는 아니나, 예술적·문학적 가치와 연관지어 보면 참으로 답답하게 느껴지기도 한다. 필자의 식견이 좁기 때문인지 몰라도, 수필은 30여 년 전 교과서에서 배운 것이나 지금 작품이나 거의 변한 게 없는 듯하다. 혹자는 이것을 수필의 장점으로 내세울지 모르겠지만, 삶의 양식이 현저하게 달라지고 세계에 대한 인식이 바뀌었는데도 불구하고 별다른 변화가 없다면 예술로서의 의미는 그만큼 줄어들게 마련이다. 현대예술과 문학의 본질은 보편성과 항구성을 담보하면서도 끊임없이 기존의 인식과 형식을 허물고 존재의 진실에 한 걸음 더 다가서기 위해 발버둥치는 과정 그 자체에 있다. 그러므로 수필이 문학과 예술의 한 하위 갈래라면, 어떤 이유에서든 안주란 있을 수 없는 일이다.

이번에 필자가 읽은 작품들의 내용이나 형식은 김규련, 김진태, 정혜옥 세대가 수십 년 전에 이루어놓은 수준에서 거의 벗어나지 못하고 있다. 물론 이규보나 박지원 같은 더 옛날 사람들의 작업에도 넘어서지 못했다. 그들이 쓴 글은 그들 당대의 역사적 상황과 개인적인 삶이 만나 이루어진 양식이다. 이후에 나온 후배들은 마땅히 그들의 작품들을 역사적·문화사적으로 이해하고 그 한계를 극복한 자리에서 글쓰기를 해나가야 예술가로서의 존재 의의를 지닐 수가 있다. 그러나 최근 10여 년 사이에 등단하여 활동하는 신진들의 글을 보면, 문학사나 수필사에 대한 개념이 거의 없고 오로지 수필이란 틀에 잘 맞추려는 안타까운 욕망만 비칠 따름이다. 문학사는 잘 쓴 작품들을 단순하게 나열한 작업이 아니다. 그것은 첨예한 정신의 변화 과정에 대한 심오한 통찰의 기록이다. 몇 십 년 전 양식을 되풀이 베끼기만 한다면 그것을 어찌 문학이라 하겠는가?

물론, 수필이 문학의 주류에서 뒤진 게 대구 지역만의 특이한 현상은 아니다. 중앙에서 발간하는 수필 전문지의 작품들도 예술성의 측면에서는 한심하기 짝이 없다. 오늘날의 수필가는 소위 수많은 시인과 소설가가 수십 년 간 인간과 세계에 대해, 진리와 예술에 대해 얼마나 치열하게 탐구해 왔는지 거의 모르고 있고, 그 성과나 잘잘못을 알려는 시도조차 하지 않는 듯하다. 그러니 당연히 예술사적 의미를 지니며 현대문학의 한 자리를 차지할 만한 작품을 생산할 수가 없다. 그러므로 우리나라 문학의 흐름을 주도하는 주요 잡지가 수필을 싣지 않는 것은 참으로 마땅한 일이다. '지금', '여기'에서 삶이 어떤 의미를 지니며 문학과 예술은 어떤 방식으로 존재하느냐는 물음과 맞서 싸우지 않는 글은 요행히 수필은 될지 몰라도, 문학으로 대접받을 자격이 없는 것이기 때문이다. 그것은 단지 호사가들의 대중지향적 고상함과 글쓰기에 대한 사적 욕망을 충족해줄 뿐이다.

수필이 이렇게 일상적 귀족주의라는 반역사적이고 비예술적인 퇴행성의 갈래로 전락하기 이전에도 수필이 문학의 중심부에 진입한 적은 없었다. 수필이 오래전부터 산발적으로 존재하긴 했지만 문학의 한 갈래로 인정된 것은 서구의 문학이론이 들어온 뒤의 일이다. 일제시대부터 1960년대까지 많은 작품이 창작되고, 20세기 이전의 문학을 연구하는 과정에서 경기체가나 가사 등이 독자적인 교술 갈래로 부각

되면서 수필도 자연스럽게 따라붙었다. 그럼에도 불구하고 현대의 수필은 늘 변방에 머물렀고, 1960년대 이후 계속 퇴락의 길을 걸었다. 최근 들어서는 오히려 수필집이라는 이름이 붙지 않은 비전문가의 산문집이 더 우수한 문체와 깊이 있는 인식을 보여주고 있다. (수필가와 달리 그들은 자기가 잘 아는 전문 분야를 집중적으로 써내면 되기 때문에 깊이가 있게 마련이다. 보통 사람도 삶의 절실함이 있게 마련이어서 문장을 만들 줄만 알면 누구나 수필 한두 편 정도는 잘 쓸 수 있다. 그러나 수필가는 어떤 소재가 주어지더라도 일정한 수준 이상의 글을 지속적으로 써 낼 수 있는 능력을 지닌 존재라는 점에서 차별성을 지닌다.) 이러한 현상은 수필가로 등단하는 절차를 의미 없게 만들고, 문학으로서의 수필과 일반적인 산문의 경계선을 희미하게 만들어 수필의 입지를 더욱 좁혀 놓았다.

수필을 수준 높은 문학의 장으로 끌어올릴 의지를 가진 사람이라면 이러한 점들을 냉철하게 인식해야 한다. 문제의 본질을 파헤치고 그것과 싸워가면서 독자적인 영역을 확보해야만 어떤 예술이든 스스로 존재할 수가 있다. 낡은 옷을 벗고 어설프나마 새 옷을 걸쳐야 존재 이유를 지닐 수 있는 것이다. 현대사회는 인류 역사상 주관과 객관의 대립이 가장 첨예한 시대이고, 자연과 인간의 부조화가 극에 달한 시기이다. 작품의 외적 자아가 작품에 직접 개입하여 주체와 객체를 동시에 제어할 수 있는 갈래는 수필밖에 없기 때문에, 이러한 시대의 상황을 극복할 수 있는 양식은 수필이 가장 쉽게 창출할지도 모른다. 수필이 고답적인 관조의 양식에 얽매어 있는 동안, 시와 소설은 이미 교술성과 허구성을 접목하는 방법적 전략을 다각도로 모색하고 있다.

시조 또한 수년 전부터 '열린시조'의 기치 아래 인적·물적 자원을 집결하고 자유시에 필적하는 새로운 형식을 창출하여 현대문학으로서의 의미를 되찾고 있다.(최근 몇 년 사이 주요 문학지에서 시조를 싣는 경우가 늘어나고 있다.)

수필에는 아직까지 그 어떤 시도도 이루어지지 않고 있다. 이론적으로 주창하며 나서는 이도 없고, 작품으로 보여주는 경우도 드물다. ≪대구수필≫ 제21집에 실린 작품 대다수도 수필다운 수필, 수필을 쓰기 위한 수필에 불과하였다. 수필을 버림으로써 수필을 새롭게 세우려는 의지는 읽기가 어려웠다. 그런 가운데서도 김인기의 〈삶은 누더기 같고〉와 홍억선의 〈꽃재 할매〉는 가능성의 문을 조금 열어놓았다. 김인기는 제문을 차용하는 형식적 실험을 하고 있다. 제문의 양식을 활용하여 객체를 대상으로 던져두지 않고 주체에게 끌어들여 자아화하는 서정적 양식을 보여준다. 말이 흘러가는 길을 몸이 자연스럽게 따라가는 유려한 문체도 주목할 만하다. 〈꽃재 할매〉는 수필의 본질적인 작품 외적 자아의 개입을 차단하고 작품 내적 서술자의 독백으로 진술되는 형식이다. 간명한 내용이라 수필의 이름으로 발표했을 뿐 사실상 소설의 양식을 그대로 가져온 셈이다. 다른 갈래의 양식을 충분히 소화하여 새 양식으로 숙성시키지 못했기 때문에 인식의 전환에는 이르지 못했으나, 두 수필가가 보여준 인식의 깊이나 허구의 양식을 도입하는 문체상의 파격은 지금 쓰이고 있는 형태의 수필에 대한 불만이 표출된 것이라 할 수 있다.

이러한 정신을 잘 살려서 수필을 새로운 차원으로 끌어올리고 궁극적으로 수필이 아니면 도저히 쓰일 수 없는 문학의 한 영역을 확보하려면, 개인적인 노력도 필요하지만 무엇보다 수필계의 전반적인 인식과 체제가 바뀌어야 할 것이다. 지금 대구의 수필계는 ≪영남수필≫과 ≪대구수필≫로 크게 나뉘어 있다. 십여 년 전부터 동인 차원의 인원을 넘어선 다수의 회원을 확보하다 보니 이제는 각각 수십 명이 참여하는 협회 차원의 모임이 되었다. 이런 형태는 아무래도 바람직하지 않다. 변별성이 거의 없는 작품을 발표하면서 두 패로 갈라진 것도 못마땅한 일이지만, 큰 그룹을 만듦으로써 새롭게 등장하는 세대를 기존의 틀에 동화되도록 한다는 점은 실로 문제가 아닐 수 없다. 이런 폐쇄적이고 자족적인 모임은 자신들도 모르는 사이에 서로의 창조성을 갉아먹는 악영향을 미치게 마련이며, 새로운 형식의 글을 쓰는 사람들을 배척하도록 만들 터. 그렇다면 해결책은 자명하다. 적어도 1990년대 이후 등단자들을 지금이라도 자유롭게 풀어놓으면 좋겠지만, 두 모임이 현재 상태로 존속하더라도 함께 고민하고 치열하게 탐색하는 여러 개의 작은 동아리들이 활동하는 방향으로 전체 구도가 바뀌지 않으면 사실상 새로운 작업은 기대하기 어렵다.

앞서 홍억선과 김인기를 예로 들었지만, 이들도 흘러가는 대로 몸을 맡기면 결국에는 기성세대의 양식에 종속될 수밖에 없을 터. 본인들은 못 느낄지 모르겠지만, 김종옥과 허창옥 세대는 이런 그릇된 체제의 희생양이라 할 만하다. 1990년대 전반기에 이들은 인식의 깊이나 문체에서 새로운 면모를 보여주었지만, ≪영남수필≫에 소속된 뒤 점차 상투적인 인식으로 퇴행하는 경향을 드러내었다. 이제는 초기의 신선함을 볼 수가 없다. 오히려 다른 수필가와 변별성을 유지하려는 잠재된 욕망이 문장을 화려하게 꾸미거나 감정의 과잉을 조장하기도 한다. 지난해 발간된 ≪영남수필≫은 책을 구하지 못해 알 수 없지만, ≪대구문학≫에 발표된 김종옥의 〈나래 의상실에서〉는 이런 폐해를 전형적으로 보여준다. 이 책에 실린 수필 중 유일하게 타자에 대한 인식인 자아 안에 존재하는 내적 타자의 발견으로 이어질 수 있는 작품이었지만, 감정의 과잉과 인식의 편협함으로 중간부터는 도덕적 상투성과 비현실적인 인식에 매몰된다. 인식과 문체가 비교적 좋은 수필가인데도 불구하고, 시와 소설에서 1980년대와 1990년대 초반에 이미 이슈가 되었던 문제에 대해 전혀 감을 잡지 못하고 있고 타자에 대한 페미니즘적 시각도 읽기가 어려우니, 함께 공부하는 사람들의 시야가 얼마나 좁고 상투적인가를 금방 알 수 있는 것이다.

물론, 수필가 모두가 첨예한 어떤 경지에 이르러야 하는 것은 아니며 그럴 수도 없는 노릇이다. 대구 지역에서 발간되는 문학지를 보면, 자기 생각을 표현하면 모두 문학이 되리라는 소박한 인식으로 일기 수준의 수필보다 더 형편없는 시나 시조를 발표하는 사람들도 적지 않다. 그러나 문학판의 중심에는 뛰어난 시인과 작가가 일구어온, 첨예한 인식을 담아내는 다양한 형식과 존재를 탐색하는 치열한 에너지가 들끓고 있다. 그것이 문학을 시작하는 이들에게 모델을 제공하고 힘이 되어 새로운 창조의 불꽃을 피울 수 있게 한다. 불행하게도 수필계에는 그런 역동적인 판이 없다. 전범은 낡고 힘은 고갈되었다. 상황이 이러하니, 다른 문학판에라도 뛰어들고 예술의 여러 갈래를 이웃거리며 수필을 과감하게 버리지 않으면, 수필은 결국 호사가들의 여기餘技에서 벗어나기 힘들 것이다.

- ≪대구문학≫, 2003 봄, 통권54호

김양헌 씨의 수필평에 대한 반박문

― 이동민

≪대구문학≫ 54호에 수필 월평을 쓴 김양헌은 대구 수필계에 따끔한 충고를 하고 있다. 그 충고는 우리 수필계가 김양헌에게서만 들은 것이 아니고, 우리 스스로도 뼈저리게 느끼고 있는 것들이어서 새삼스러운 것은 아니다.

그런데도 왜 반박하는 글을 쓰는가 하면, 평의 논리에 문제가 있다고 생각하여서이다. 비평은 감상자가 작품에 대해 가치판단을 표명하는 것이다. 그러나 판단의 규준을 어디에 두느냐에 따라서 다양한 평가가 내려질 수 있다. 따라서 평글을 논증할 수 있는 패러다임이 반드시 있어야 한다는 뜻이다.

김양헌의 글에는 수필이나 문학, 예술의 개념을 어떻게 정의하였는지 도무지 알 수가 없다. 그런데도 마치 모든 것을 해결해버리는 부자방망이처럼 문학이나 예술이라는 말 한 마디로 수필을 폄하하는 논거로 사용하고 있는 데는 아연해 하지 않을 수가 없다.

"이런 편안함이나 잔잔한 감동이 필요없는 정서는 아니다. 예술적·문학적 가치와 연관지어보면 참으로 답답하게 느껴지기도 한다. 필자의 식견이 좁은 때문인지는 몰라도, 수필은 30 여년 전 교과서에서 배운 것이나 지금 작품이나 거의 변한 게 없는 듯하다. 혹자는 이것을 수필의 장점으로 내세울지 모르겠지만, 삶의 양식이 현저하게 달라지고 세계에 대한 인식이 바뀌었는데도 불구하고 별다른 변화가 없다면 예술로서의 의미는 그만큼 줄어들게 마련이다. 현대 예술과 문학의 본질은 보편성과 항구성을 담보하면서 끊임없이 기존의 인식과 형식을 허물고 존재의 진실에 대한 한 걸음 더 다가서기 위해 발버둥치는 과정 그 자체에 있다. 그러므로 수필이 문학과 예술의 한 하위 갈래라면, 어떤 이유에서든 안주란 있을 수가 없다.

인용한 글이 수필을 폄하하는 논거로 제시한 김양헌의 패러다임이다. 그의 말마따나 수필이 문학과 예술의 하위 갈래라는 가정하에서 논한다는 것은 그는 아예 수필을 문학의 장르로 인정하지 않고 있다는 뜻이다. 수필에 대한 판단기준이 그런데도 수필에 대한 평글을 쓴다는 것은 자기 모순이 아닐까.

그는 우선 예술이나 문학의 개념 정의에서 분명히 보편성과 항구성을 기본으로 들고 있다. 그런데도 그는 수필이 문학성과 예술성을 잃고 있는 이유를 바로 보편성과 항구성에 안주하는 것이라고 하였다. 예로써 30년 전에 교과서에 실린 수필이나 지금의 수필이나 거의 변한 것이 없다고 하였으니 말이다.

또 하나의 논거는 존재의 진실에 다가가기 위해서 인식과 형식을 파괴하는 과정에 두고 있다. 그는 이 '과정'에 굉장한 비중을 두고 있음을 이 인용문에서 뿐만이 아니고, 실제의 예증으로 홍억선의 〈꽃재할매〉를 들어 확인시켜주고 있다. 그가 수필 평의 판단기준으로 '과정 그 자체'에 두고 있음은 평자의 고유 권한일 테니까 여기서 왈가왈부할 수 있는 성질의 것은 아닐 것이다.

또 하나의 논거로 내세우는 문학과 예술에 대해서도 살펴보자. 문학의 정의에 의하면(미학사전에서) 광의로는 '문서 형식으로 고정된 모든 언어적 소산'이라고 하였고, 협의로는 이들 중에도 특히 '미적 품격을 갖춘 것'이라고 하였다. 그렇다면 문학의 개념은 문서형식을 한 언어적 소산물이 직관에 의거하여 우리에게 개념적 사유없이 쾌적하게 하는 것이라고 할 수 있다.

하나 더 그가 평글의 근거로 삼은 예술에 대해서도 알아보기로 하자.

예술의 본질을 규정하는 방법에는 세 가지가 있다. 예술 자체를 주안점으로 삼을 때는 내용과 형식을 따지게 된다. 또 하나는 예술가의 주관적 창조 작품에 두고 외적 대상의 모방이나 재현을 통해서 예술가의 주관적인 감정의 표출에 돌리는 것이 일반적인 경향이다. 그리고 나머지는 예술이란 문화의 한 영역 내지 문화가치의 한 형태로 보는 것이다. 그렇다면 문학과 예술을 "발버둥치는 과정 그 자체"만으로 정의하여 수필의 문학성과 예술성을 평하는 것은 너무 아전인수 식 근거 논리가 아닌가 하는 생각이다. 왜냐면 그가 그렇게도 문학의 범주에서 쫓아버리고자 하는 수필도 위의 정의에 의하면(사전에 의한) 문학과 예술의 정의에서 그렇게 어긋나 있는 것이 결코 아니기 때문이다.

그런데도 그는 자기만의 논리로 문학 장르에서 수필을 추방하고자 하는 것은 수필을 쓰는 사람들에게 모욕을 주는 것이고, 더 나쁘게 말하면 테러를 가하는 일인 것이다.

오늘날의 소위 수필가는 수많은 시인과 소설가가 수십 년 간 인간과 세계에 대해, 진리와 예술에 대해 얼마나 치열하게 탐구해 왔는지 거의 모르고 있고, 그 성과나 잘잘못을 알려는 시도조차 하지 않는 듯하다. ―생략― '지금' '여기'에서 삶이 어떤 의미를 지니며 문학과 예술은 어떤 방식으로 존재하느냐는 물음과 맞서 싸우지 않는 글은 요행히 수필은 될지 몰라도 문학으로 대접받을 자격이 없기 때문이다.

 모든 수필가들이 수많은 시인과 소설가들에 대해서 모르고 있다는, 또 알려고도 하지 않는다는 식의 논리는 분명히 수필가들에게 모욕감을 주는 언어 폭력이다. 치열하게 탐구한 사람과 그렇지 못한 사람을 교묘히 대비시켜서 마치 악과 선을 이분화하는 부시의 어법이 아니고 무엇인가. 이런 말들을 뱉어내면 허공으로 흔적도 없이 사라져버리는 것이 아니다. 그 말이 지칭하는 대상은 엄연히 감정을 지닌 생물인 이상 그 말들을 가슴에 가두어 두게 마련이다. 또 분노의 감정을 표출할 수도 있다. 따라서 이런 말을 할 때는 그 증거를 논리적으로 제시하여야 한다. 그러나 위의 글에서는 논증은 없고 그의 독단만 있을 뿐이다. 위의 글에서도 수필은 문학이 아니라는 그의 암묵적 전제를 읽을 수가 있다.
 그러나 모든 문학 이론서가 수필은 문학의 하위 갈래임을 말하고 있다. 그렇다면 수필의 요건만 갖추면 저절로 문학이라는 자격은 얻어지는 것이다. 이것을 한 개인이 문학의 자격이 있느니, 없느니 라고 논할 거리가 아닌 것이다. 아예 문학의 장르로 인정도 안 하면서 문학성을 논하는 것은 자기모순일 뿐이다.
 위의 인용문에서 그는 삶이 "어떤 의미"와 "어떤 방식으로 존재하느냐."를 언급하고 있다. '의미'라면 내용을 뜻하고, 존재 방식은 '형식 내지 양식'을 말하는 것이다. 수필이 문학이라는 예술 양식에 끼일 수가 없다면 수필 글에는 담고 있는 내용도 없고, 수필로서의 형식도 없다는 뜻인지…, 이 글만으로는 무엇을 말하는 것인지 얼른 이해가 가지 않는다.

내용과 형식은 모든 예술론에 들어있다. 표현 속에 내용을 어떻게 담아내느냐 하는 것은 작가의 몫이지만, 오늘날의 예술론에서 독자는 작품에서 작가와는 다른 읽기와 해석을 할 수 있을 권한이 있다. 따라서 작품의 읽기는 무한히 열려 있다는 뜻이다.

평자도 단순히 한 명의 독자일 뿐이므로, 다른 독자들은 얼마든지 다른 읽기를 할 수가 있다. 그런데도 자기의 읽기를 강요하는 것은 문화에 대한, 아니 예술에 대한 권력행사일 뿐이다. 또 하나는 읽기와 해석이 아닌 의미 개념을 작가에게 떠넘기는 것은…, 그래서 의미를 담고 있느니, 있지 않느니 하는 것도 독자의 태만이라고 할 수는 없을까. 수필의 존재 방식에 대해서도, 영남수필 회원 한 분이 평자에게 전화를 해보았다고 했다.

수년 전부터 수필의 허구성을 두고 수필계에서 격렬한 논쟁이 있음을 알고 있느냐고 하였더니 "그런 일이 있었습니까. 저는 수필에 관심이 적어서 몰랐습니다."라고 답하더라 했다.

그렇다면 적어도 대구문협의 대변지라는 비중있는 책에 수필에 관심도 없는 사람이 어떻게 그리 용감하게 글을 쓸 수가 있었는지 그에게 묻고 싶다. 여기서 허구성을 화두로 끄집어 내는 이유는 뒤에 인용을 하겠지만 허구성을 도입한 소설 형식의 수필(?)을 의미있는 수필로 말하였기 때문이다.

그가 몰랐다고 하니까 영남수필 회원인 김태원의 글 〈수필문학의 허구를 어떻게 볼 것인가〉(수필학 제5집, 1999. 한국수필학회)를 잠시 더듬어 보기로 하겠다.

1) 1976년에 한국수필 겨울호에 정진권은 〈고심하여 얽고 짜는 일〉을 발표하여 수필에도 허구의 도입을 주장하기 시작하였다. 이어서 그는 〈수필문학의 이론 모형 연구〉〈수필문학의 허구성 고찰〉〈한국 현대수필 문학론〉을 발표하면서 허구성 도입을 주장하였다. 그러자 김시헌(영남수필문학회원)의 즉각적인 반론이 있었다.

2) 1983년 제2회 한국수필가협회 세미나에서는 주제를 〈수필문학의 허구성〉으로 하였다. 역시 김시헌이 그 해에 ≪수필공원(통권2호)≫에 반론을 펼쳤다. 이어서 반론에 대한 반론, 재반론으로 이어지면서 뜨거운 논쟁이 있었다.

3) 1989년에 제8회 한국수필가협회 세미나에서 이철호가 〈구성의 미학과 사실의 픽션화 문제〉라는 주제를 발표하면서 다시 수필의 픽션화가 논쟁화되었다.

4) 1990년 제7회 수필문학 세미나(충남 온양)에서는 〈수필에서의 체험과 허구〉가 세미나의 주제가 되어서 정진권, 이정림, 윤모촌, 유경환, 정목일, 정봉구, 공덕룡 등 많은 논자들이 참가하였다.

5) 1996년에 ≪수필과비평≫ (통권25호)에서 〈한국 수필의 쟁점을

진단한다〉라는 특집을 실으면서 여섯 가지 쟁점 사항을 제시하
였다. 그 중의 하나가 역시 허구성이었다.

6) 1999년에 발표한 김태원의 글도 허구성을 '상상'으로 포장하여
도입하자는 주장을 하였다.

따라서 김양헌이 주장한 것처럼 수필가들이 무위도식하면서 90년대를 흘려보낸 것은 절대로 아니었다.

그러면 김양헌은 왜 수필이 문학의 장르로 편입되지 못하였다고 주장하는지 문학사에서 찾아보기로 하자.

문학이론에서는 일반적으로 문학작품을 논할 때 협의의 개념으로 언어, 인생문제, 상상력과 허구성, 구조와 조직을 조건으로 들었기 때문에 허구성이 걸림돌이 되지 않았을까 하는 생각이다. 그러나 수필을 쓰는 사람들이 거의 집념에 가깝도록 붙들고 있는 것이 허구성 배제이다. 이유는 허구성을 도입하면 수필이라는 정체성이 없어지므로 존재이유가 상실된다는 것이다. 그래서 아직까지도 허구성의 문제는 해결의 실마리조차 찾지 못하고 있는 것이다.

따라서 논픽션류는 정보제공이나 실제적 설득을 주로 하고 있다. 수필은 바로 이와 같은 비문학적 요소를 갖고 있게 마련이므로 오랫동안 문학으로 인정받지 못했다는 것이다.

그렇지만 이런 논픽션류도 문학적 표현을 획득하여 미적 쾌락을 제공하면 문학의 장르로 편입되어진다. 최근에는 논픽션류에서 개인의 감정을 진솔하게 표현하므로 제4문학 형식으로 규정하고 있는 것이

일반적인 추세이다.

　이제 새삼스레 수필을 두고 장르론을 거론하는 저의가, 그 자신이 그가 말한 문학사나 수필사의 개념이 거의 없다는 것인지…, 무엇을 뜻하는지 도무지 알 수가 없다.

　수필의 존재 방식, 즉 '형식과 양식'의 특징이라면 흔히 무형식을 꼽는다. 다시 말하자면 시, 소설, 희곡과 같은 특정의 형식이 결여되어 있다는 것이 수필의 무형식성이다. 오늘의 예술사조에서 형식의 파괴가 하나의 흐름이므로 이 무형식성이 수필이 아닌 이유가 될 수는 없다.

　그렇지만 우리는 이 무형식의 개념 속에는 수필이 이웃의 다른 글쓰기 형식, 즉 다른 장르들을 자유롭게 차용한다는 의미가 내포되어 있다. 이것이 장르들의 수평적 관계에서 장르를 변화시키는 가장 핵심적인 요소인 '장르의 통합'이다(김준오 : 수필의 장르적 특성). 따라서 무형식은 오히려 수필에 무한한 가능성을 열어주고 있다.

　우리가 장르 통합을 말할 때 유념해두어야 하는 것은 타장르가 우리 수필을 차용하고 있다는 것이다. 밀란 쿤데라의 소설이 한 예가 될 것이다. 여러 자전적 소설도 수필 형식을 취한다고 할 수 있다. 우리도 이미 1939년에 최재서가 "문학의 수필화"에서 주장하였던 사실이 있다. 실제의 작품으로는 이상의 〈날개〉가 있다.

　앞서 말한 김준오는 "소설의 수필화는 수필의 지성화이다. 왜냐면 수필의 고백 형식은 내향적이면서도 지적이기 때문이다."라고 하면서 소설이 수필의 덕을 보고 있는 듯이 표현하였다. 더욱이 수필은 21세기에서 문학의 난제를 해결할 수 있는 유일의 장르로까지 주장하는 사람도 있다. 그가 예로 든 〈꽃재 할매〉는 그도 언급하였듯이 작가의 개입을 차단하고 작품 내의 화자가 독백하는 형식이다. 바로 소설 형식인 것이다. 형식적인 면에서 따진다면 그것은 수필이 아니고 소설인 것이다. 그렇다면 소설을 두고 단도직입적으로 허구를 도입한 수필이라고 하기에는 수필이론에서 합의가 있고 난 뒤에 말해야 할 일이 아닐까.

 수필문학의 무형식성이 가지는 또 하나의 장점은 모든 글을 수필이라는 장르로 수용할 수 있다는 것이다. 따라서 허창옥을 예로 들어서 영남수필이 새로운 형식의 글쓰기를 하는 사람을 배척한다는 논리는 어처구니가 없기조차 하다. 허창옥은 자기 빛깔의 글을 쓰는 작가일 뿐이다.

 "최근 들어서는 오히려 수필집이라는 이름이 붙지 않은 비전문가의 산문집이 더 우수한 문체와 깊이 있는 인식을 보여주고 있다. 이러한 현상은 수필가로 등단하는 절차를 의미없게 만들고, 문학으로서의 수필과 일반적인 산문의 경계선을 희미하게 만들어 수필의 입지를 더욱 좁혀 놓았다."

 위의 인용문대로라면 비전문가(수필가가 아닌?) 쓴 글은 수필이 아니라는 전제를 하고 말하고 있다. 《수필문학》세미나에서 유홍준의 《문화유산 답사기》를 두고 수필의 장르에 속할 수 있는가를 심도 있게 다룬 일이 있었다. 결론은 수필로서 아주 훌륭한 글이라는 것이었다. 그렇다면 수필계는 끊임없이 실험하고, 그 영역을 넓혀가고 있는 것이다. 새로운 양식에의 도전을 주장하면서도 비전문가 운운하는 김양헌이야말로 수필의 입지를 고전적 양식에 잡아 매어두므로 수필의 입지를 좁히고 있다.

 또 하나는 그가 예로 든 김정옥 작가를 두고 어느 작가를 말하느냐고 질문을 했을 때 자기도 잘 모른다고 대하더라는 것을 들었을 때는 실소를 하였다. 그는 아직 영남수필을 읽어보지도 않았다면서도 영남수필을 혹독하게 비판하였다.

그의 글에는 솔직히 말해서 우리 수필계가 귀담아들어야 할 부분도 많음을 인정하고 있다. 그러나 평자가 마치 제왕처럼 권력자가 되어서는 안 된다는 생각에서 이 글을 보낸다.

김양헌에게 다시 답한다

김양헌은 ≪대구문학≫ 2003년의 봄호에 수필평을 게재하였다(영남수필 홈피에 수록되어 있다). 평글은 당시의 수필가를 질책하는 내용이었다. 수필가의 입장에서는 그 글은 가혹하리만큼 아픈 채찍이었다. 특히 영남수필문학회를 지칭하여 폄하한 그의 글은 영남수필 월례회 때 당연히 논란이 되었다. 영남수필문학회의 분위기는 분노에 가까웠던 것으로 기억한다. 그가 수필가를 매도하는 글 중의 일부는 거의 모욕에 가까웠다.

그때 내가 "이렇게 격앙할 것이 아니라 당당히 글로써 반박해야 하지 않느냐."라고 하였더니 문학이론으로 무장한 평론가를 당해 낼 수 없다는 말들을 하였다. 겁도 없이 내가 반박문을 써 보겠다고 나섰다. 솔직히 말해서 나는 글의 내용보다는 수필가를 비하하는 듯한 그의 표현에 화가 났다. 일부의 회원은 ≪대구문학≫지의 발행처인 대구문협에 이런 글을 실었다고 항의하였다는 소문도 들었다. 대구문협에서는 반론의 글을 쓰면 실어주겠다고 약속하였다. 이런 과정을 거쳐서 반박문을 썼지만 내 글이 발표된 ≪대구문학≫지를 잊고 있었는데, 영남수필 홈피에 실린 글을 읽으니까 2003년 여름호쯤이라고 생각되었다.

김양헌은 내 글에 재반론을 하지 않았으므로 더 이상의 논쟁은 없었다. 나는 구미에 거주할 때부터 김양헌을 개인적으로 잘 알고 있다. 모욕적인 그의 글에 화가 나서 꽤나 거칠고, 냉소적으로 글을 쓴 기억이 떠오른다. 그 후 사적으로 여러 번이나 만났지만 수필론에 관하여 더 이상 아무런 말도 나누지 않았다. 그리고 재작년인가 그가 유명을 달리하였을 때 장례식장에서 그의 부인이 반갑게 인사하였다. (김양헌 선생의 따님들이 나의 단골 환자들이었다.) 장례식장에는 나 이외는 문협 회원들의 얼굴이 보이지 않았다. 그 전에 문협 회장의 모친상을 당하였을 때는 고령의 식장을 가득 메운 문협 회원들을 생각하니 세태의 싸늘함에 마음 한 구석이 허하였던 생각도 난다.

≪영남수필≫ 홈피에 올린 글을 다시 한 번 읽어 보았다. 사실은 내가 하고 싶은 말을 그가 대신하여 말하였다는 생각이 들었다. 이번에는 감정적인 언사를 사용하지 않고 글의 내용에 대해서 차분히 답하겠다.

2003년의 수필이 수십 년 전의 김규련, 김진태, 정혜옥의 글에서 나아가지 못하고 있다는 지적은 옳다.

문학사나 수필사에 대한 개념이 거의 없고 오로지 수필이란 틀에 잘 맞추려는 안타까운 욕망만 비칠 뿐이다.

이 글을 주의 깊게 읽으면서 그가 질책하는 내용이 무엇인가를 살펴보았다. "수필이라는 틀에 맞추려는"이라고 하였다. 이것은 발표한 수필이 수필의 형식에는 맞추어져 있다는 뜻으로서, 잘 쓴 수필이라는 평가를 들을 수 있는 소지를 갖추었음을 말한다. 수필을 잘 쓰지도 못하였다는 뜻은 아니고, 그가 타박하고 있는 것은 글의 형식이 아닌 내용이었다. 역사성을 간과하는 작가의 정신성을 나무라고 있다.

그것은 첨예한 정신의 변화 과정에 대한 심오한 통찰의 기록이다.

그가 내린 수필의 정의가 이렇다면 글의 내용에서 치열한 정신적 내면을 표현하지 않는다고 읽을 수 있다. 자기 성찰을 통하여 격格에 맞는 인간성의 구축이 아니고, 시대를 넘어서는 유토피아의 탐색이 부족하다고 읽을 수 있다.
김양헌의 언설에서 벤야민과 블로흐의 이론을 엿보게 하는 대목이다.
"예술은 사회적 산물이기 때문에 '지금 그리고 여기'에서 진행되고 있는 예술은 그 나름의 특징을 가지고 있다."
'지금'과 '여기'는 시간과 장소를 말한다. 이것은 작품이 제작되는 시기(역사성)와 제작된 지역의 문화적 배경이 작가의 정신세계를 거쳐서 작품에 반영되어야 한다는 말이다. 그렇다면 2003년에 대구라는 지역에서 쓰고 있는 수필이 수십 년 전의 과거에 쓰였던 수필과 다른 점이 없다면, 예술이라고 평가하기가 어렵다. 이 논지는 바로 김양헌의 논지이다.
예술의 평가도 기존 이론에 의존하기보다는 새로운 기준으로 평가

하여 작품의 특질을 밝혀야 한다는 것이 벤야민 사유의 특징이다. 수십 년 전에 쓰인 수필과 오늘의 수필이 같다는 것은 모순이다. 그는 실례로써 김규련, 김진태, 정혜옥의 글을 들었다. 이 작가들은 김양헌의 말대로 수십 년 전의 시대를 대표하는 작가들이다. 그들이 당시에 어떤 글을 썼는지를 알아보는 것도 의미가 있다. 김양헌이 언급한 것에서 더듬어 보자.

'단지 호사가들의 대중지향적 고상함과 글쓰기에 대한 사적 욕망을 충족한다.'

'수필이 이렇게 일상적인 귀족주의라는 반역사적이고, 비예술적인 퇴행'

'수필이 고답적인 관조의 양식에 얽매인'

지난 시대의 수필에 대하여 위의 언사를 직접적으로 구사하지는 않았다. 그러나 지난 수필을 그대로 본뜨기만 하였다면서 언설한 수필의 개략적인 특징을 이렇게 꼽았으므로 위의 인용문은 지난 시대의 수필의 특징으로도 적용할 수 있다. 나는 그의 의견에 전적으로 동조한다.

김규련의 수필은 끊임없는 자기반성과 도덕적 교시로 점철되어 있다. 정혜옥의 수필은 우아하고, 고상한 생활의 자세를 감성적 문장으로 나열한 것에 지나지 않는다고 하여도 과언이 아니다. 그들이 당시의 한국 수필을 대표하는 수필가라면 이런 글을 쓰도록 한 배경은 무엇일까? 앞선 시대의 수필가 이론가들인 김태길, 차주환, 허세욱 등이 피력한 수필론에서 이유를 찾아보자.

'좋은 수필은 필자의 인간성에 대한 공감을 일으킨다.' '자아를 표출한다.' '진리를 지향하고, 인격적으로 진실해야 한다.' '넓은 도량을 가지고 담박한 인격을 갖추면 자기 성찰의 태도를 지녀야 한다.' '필자의 독특한 문체와 품위를 필요로 하는 개성과 인격이 반영된 자기 고백의 문학이다.'

다시, 김규련이 피력한 글을 인용해 보자.

'나의 경우 수필은 삶의 길목을 흘러가면서 이따금 나타내는 나의 그림자요, 목소리요, 영혼의 소리이다.' '작품의 끝맺음은 산사의 저녁 종소리처럼 은은한 여운을 남길 수 없을까 고민해 본다.'

위에 인용한 글을 한 마디로 요약해 본다면 인격이라는 '格'의 강조이다. 동양미학에서 격格은 사회가 규정하는 격식이나 규범을 말한다. 이 시대의 수필가들에게 격은 선비 의식이다. 이 시대의 수필가는 선비의식이 강하였고, 글쓰기를 인격 도야의 방편으로 이용하였다. 이들은 현실 세계를 도외시하고 관념적인 사유의 세계에서 꿈과 이상을 찾고 있었다. 이런 경향을 김규련과 정혜옥의 수필에서 만날 수 있다. 김규련이 자신의 수필쓰기에 관하여 언급하기를 자신의 영혼의 소리로서 은은한 여운을 남기는 글을 쓰려 한다고 하였다. 이 말에서 그가 어떤 수필을 쓰고 있는지 짐작할 수 있다. 옛 선비들이 여기로 글쓰기를 하면서 인격 도야의 방편으로 삼았음을 떠올리게 한다.

우리는 현실 세계 속에서 살고 있다. 일반적으로 현실에 만족하는 사람은 극히 드물다. 현실에 만족하여 살아가는 극소수의 사람들도 자신이 뭔가 사유가 부족한 사람으로(인격적으로, 지적으로 부족한), 더 나아가서 배부른 돼지 취급을 받지 않을까 하는 불안에 빠져 든다. 이들에게 어떤 희망이나 꿈을 가져다 주는 것은 '지금 그리고 여기'가 아닌 어느 시대를 상정한다.

지금(현재)이 아닌 시대는 과거가 아니면 미래다. 지난 좋은 시절을 즐거웠던 시절로 회상하는 것은 단지 향수 심리일 뿐이다. 수필은 향수 속에서 희망이나 꿈을 찾는 경향이 강하다. 회상 속의 과거가 미래에 대한 꿈과 희망을 예시해 주지 않으면 단지 일상적인 값싼 정서를 표현하는 것에 지나지 않는다. 자기 도취적이고, 자기 만족적인 상투성에서 한 발자국도 벗어 날 수 없다. 우리는 글쓰기를 통하여 '지금 그리고 여기'에서 탈출할 수 있는 희망을 주어야 한다.

오늘의 수필이 도덕적 당위성(格)에 안주한다면 편안한 읽기는 가능하겠지만 시대를 초월하여 보다 멀리 위치하는 꿈이나 희망을 예시할 수는 없다. 오늘의 수필가를 바라보는 김양헌의 시선을 따라가 보자.

"김종옥(욱을 옥으로 잘못 읽었다.)과 허창옥 세대는 이런 그릇된 체제의 희생양이다,라고 할 만하다."

김양헌의 글을 요약하면 이 둘은 1990년대에는 좋은 글을 발표하였으나 영남수필에 소속된 뒤로는 상투적인 인식으로 퇴행하였다. 감정의 과잉과 인식의 편협함으로 도덕적 상투성과 비현실적인 인식에 매몰되어 있다. 그는 여기에 더하여서 이들과 같이 공부하고 있는 사람들(영남수필 회원을 지칭한 듯하다.)의 시야가 좁고 상투적이라고 하였다.

　이제는 이 시대에 글을 쓰는 사람에 대한 질책이 아니고 영남수필 회원에 대한 질책으로 이어진다. ≪영남수필≫ 회원들이 분노한 것도 바로 이 대목에서였다.

　지금은 김양헌이 이 글을 발표한 2003년보다 6년의 세월이 더 흐른 2009년이다. 요즘의 나는 ≪영남수필≫ 40집에 실린 글들을 읽고 몇 편의 평글을 쓰고 있다. (≪영남수필≫ 홈피의 수필 강좌에 실었다.) 나는 수필의 속성을 빙자하여 작가의 내면을 살펴보는 심층 심리의 읽기에 입각하여 글을 썼다. 나의 읽기는 작품의 문학성 읽기를 한 것이 아니고, 단지 작품에 내재된 인간 심리의 분석일 뿐이라는 허점에 빠지기 쉽다. (내 나름으로는 벗어나려 하였지만) 그 이상을 읽어 내야 하는 부담을 안고 내 나름으로는 노력하였다.

　어쨌거나 40집에는 1990년을 전후하여 등단한 김종옥, 허창옥 세대보다는 훨씬 뒤에 등단한 작가들이 많이 참여하고 있었다. 그러면 이들은 김규련, 김진태, 정혜옥 세대의 글쓰기와 차이가 있을까? 나는 김양헌과 똑같은 결론을 내릴 수밖에 없었다. 앞선 시대의 작품을 역사적, 문화사적으로 이해하고 넘어서자는 김양헌의 논지에는 다분히 사회학적 미학의 관점이 들어 있다. 김양헌 세대들에게는 자연스럽게 훈습되어 있는 미학적 관념일 것이다. 오늘은 사회학적 미학도 과거지사로 여길 만큼 더 멀리 나아가 있다. 예술 정의의 불가론까지 거론되고 있다.

그렇다면 2000년 이후에 등단한 작가들은 어떤 사유의 세계를 가지고 있을까? 솔직히 말해서 김규련, 정혜옥 세대의 글보다 더 뒷걸음질을 한 것이 아닐까 하는 의구심이 들었다. 시대 반영이라는 역사의식이 전혀 느껴지지 않는다. 자기 성찰을 통한 자신의 인격을 선전하기에 바쁜 내용이라고 할까. 생활 주변에서 일어난 사소한 일에서도 자신을 사회가 요구하는 격식에 맞추려는 성찰의 노력을 표현한 글들이 주류를 이루고 있다. 그리고 과거 속으로 매몰되어 버리므로 '여기 그리고 지금'을 벗어나려는 양식을 취하고 있다. 그렇다면 작가들은 자신의 글에서 표현한 만큼의 도덕적 인간일까? 과거에서 유토피아를 찾는다면 이것은 퇴행이다.

우리 시대는 영웅주의 시대도, 민족주의 시대도 아니다. 역사 속에서 평범하게 살았던 사람들의 개인적인 삶이 어떠하였는가를 따지는 미시적 담론이 평가받는 시대를 살고 있다. 수필의 필자는 미시적 담론으로 볼 때 역사적 역할을 충분히 수행하고 있는 시대에 살고 있다. 수필이 문학의 주류로 들어갈 수 있는 역사적 배경을 갖고 있는 시대에 살고 있다. 시대 미학이 요구하는 나를 표현하지 않고 지난 시대의 요구인 '格'에 자신을 억지로 맞추려는 글을 쓰고 있다. 따진다면 그건 진실도 사실도 아닌 격에 맞는 허구의 자신을 쓰고 있을 뿐이다.

우리 시대의 특성은 예술의 다의성을 말하고 있다. 더 나아가서 기존의 모든 이론들을 부정하고 거부하는 시대에 살고 있다. 김양헌이 언급한 페미니즘이라는 것도 단순히 여성의 권리를 신장하자는 것이 아니다. 오늘의 사회구조(格)를 근본적으로 부정하는 이론이다.

글쓰기를 통하여 오늘을 부정하고, 새로움을 찾아나서는 정신적인 자세가 필요하다. 우리는 글쓰기에서 '여기 그리고 지금'을 넘어서는 꿈과 희망을 예시하여야 한다. 이것이 곧 수필이 예술이 될 수 있는 조건이다.(블로흐, 수필 대신에 문학이라고 하였다.) 도전은커녕 지난 시대의 선비정신으로 퇴행하고서도 글쓰기라는 자체에 자족한다면 수필이 문학으로 살아남기가 어렵다는 김양헌의 말에 전적으로 동감한다.

추사의 이야기를 하면서 내 글을 끝내겠다. 제주도 귀양을 가는 길에 고흥사에 들른 추사는 대웅전에 걸린 원교 이광사의 판각을 보았다. 왜 촌티 나는 글씨를 걸어두었느냐면서 떼어내게 하고, 자신이 쓴 글을 걸게 하였다. 10년 뒤에 돌아가는 길에 다시 들른 추사는 자신의 글이 부끄러우니 떼고 원교의 글을 걸게 하였다.(원교의 서체를 동국진체라 하여 가장 한국적인 서체라고 한다.)

지금 나의 심정이 그렇다. 2003년에 김양헌의 글을 반박한 내 글을 무척 부끄럽게 생각한다.

(2009. 8)

수필의 비평은 존재하고 있는가
- ≪대구문학≫ 2008, 가을호 계간평

계간평 청탁을 받고 ≪대구문학≫ 가을호에 실린 수필을 읽어 보았다. 수필을 읽는 동안 내내 평을 어떻게 해야 할까를 두고 고심하였다. 비평의 주안점이 작품 가치에 대한 평가라면 가치의 기준을 어디에 두어야 하는지 확신을 가지지 못하였기 때문이다.

> 오늘의 수필비평은 쏟아지는 작품을 제대로 평가하여 우수한 작품 창작을 유도하고, 수필 문단이 지향해야 할 문학적이고, 문화적인 가치를 도출하는 데 사명감을 가져야 한다. 발표되는 모두가 좋은 작품인 것은 아니다. 적절한 기준에 의해 우수한 작품과 질적 수준이 떨어지는 작품을 구별할 수밖에 없다.
> — 신재기

신재기는 오늘의 우리 수필문단의 문제점을 비평의 부재로 꼽고 있다. 수필문학의 대가大家에 의한 비평은 폐해를 주므로 줄이는 것이 시급한 과제라고 하였다. 즉 개인적인 취미에 의한 감상비평보다는 학문적 원리를 지향하는 직업적 비평을 강화해야 한다고 주장하고 있다.

이 의견에 전적으로 동감한다. 비평이 없는 수필은 고삐 풀린 망아지처럼 수필의 경계를 뛰어넘기 때문이다. 수필의 문학성은 도외시하고 제멋대로 쓰이고, 멋대로 평가된다. 그래도 다행스러운 것은 최근에 대학에서 수필에 대한 관심이 조금씩이나마 나타나고, 수필을 전공한 박사도 탄생하고 있다.

수필을 문학의 범주 안에 붙잡아 두기 위해서는 수필이라고 쓴 글이 수필이게 하는 이론에 따라야 한다는 것이 나의 생각이다. 지금까지 주장되고 있는 수필 이론 몇 가지를 잣대로 삼아서 당면하고 있는 수필의 문제점을 짚어 보기로 하자.

> 소재에 대한 작가 나름의 해석과 이해에 의미 부여이되, 고백적, 자조 문학으로서 성격을 갖는다. 수필은 감동을 전제로 하되, 언어를 통해 인생을 새롭게 해석하고, 이해시키는 정서화된 사상의 전달로서 인간학이다.
>
> — 장백일

> 수필의 기본은 미美의 추구이다. 미美를 추구하는 문학성 이외의 글은(예로써 철학 단상, 칼럼, 사상을 빌려온 교훈조의 글, 지식의 과시 등등) 절대로 수필이라고 할 수 없다. 그 외에도 쾌락성을 추구하고, 자아를 표현하는 진솔성이 있어야 한다.
>
> — 도창희

수필은 산문문학의 한 유형으로서 생활과 관련되는 모든 사물을 소재로 하고, 자아(ego)의 표출을 기본으로 하되, 어느 특정한 것을 주장하거나, 지식 내용의 전달을 일삼지 않고, 체제에는 제한이 없으나, 대체로 독백 양식이고, 미지의 가장 이상적인 상대를 상정한 일방적인 대화의 한계에 머문다.

- 차주환

여러 이론서에서 주장한 논지들을 종합해 보면 이렇게 요약할 수 있을 것이다.

첫째, 자아의 표현이다.

자아는 한 인간의 개성적 측면을 말하는 것이지 인격을 말하는 것이 아니다. 중국 미학에서 격格은 규격화된 양식이라는 의미가 강하다. 기氣와 일逸에는 대비되는 의미가 강하다. 수필을 두고 작가의 인격을 나타낸다는 주장이 광범위하게 퍼져 있다. 인격이라고 할 때 인간의 규격화된 양식을 뜻하는 것이지 그 사람의 개성, 즉 자아를 말하는 것은 아니다. 인격은 시대의 가치관이 요구하는 격식에 맞추어진 인간이라는 뜻이다. 한 마디로 요약하자면 도덕적 인간을 말한다. 인간을 도덕이라는 가치관에 묶어 버리면 한 인간으로서의 속성은 도덕의 뒤로 소외되어 버린다. 자아가 개성을 가진 한 인간이라고 할 때 자아는 도덕성 뒤로 소외되어 버리므로 수필에서 자아의 표출이 일어날 수가 없다.

두 번째는 수필은 미를 추구한다는 것이다.

예전에는 예술의 정의에 진, 선, 미를 포함시켰지만 지금은 엄연히 분리되어 있다. 예술적 표현이라고 할 때 이성을 바탕에 둔 진리의 추구가 아니다. 도덕적 추구도 아니다. 미의 추구인 것이다. 미는 감성을 바탕으로 하고 있다. 그래서 미학을 감성적 인식의 학문이라고 정의를 내렸다.

  수필에서 인격을 주장하게 되면 도덕적 추구라는 함정에 빠진다. 수필에서 쾌락성과 진솔성이 있어야 한다는 주장도 감성에서 우러나는 표현을 하자는 뜻으로 읽어야 한다. 그렇다면 수필의 가치를 자아의 표현과 심미성의 추구에 두어야 한다. 논리적이고, 교훈적이고, 주장 일변도의 글은 수필로서 격이 떨어진다고 해야 한다. 이성적 사고라고 하더라도 감성적인 방법으로 표현하여야 수필이 된다. 논리적인 판단을 하므로 이해시키는 것이 아니고, 감동을 줌으로써 감성적으로 공감하게 하여야 한다.

  그 외에도 여러 주장들이 있지만 이 두 주장이 수필이론의 가장 기본이 될 것이다.

  신재기의 주장대로 앞에서 예시한 보편적인 이론에 따라서 가을호에 실린 수필에 대한 글을 살펴보자.

  우선 '자아'라고 하면 인격의 자리에 존재하기보다는 나의 인성(personality)을 구성하는 요소로 보아야 한다. 인성에는 도덕적인 인간만이 아닌, 악마적 요소도 공유한다. 즉 열등한 나의 성품인 그림자도 반드시 내재하고 있다. 파우스트에 나타나는 양면적인 모습이 인간의 보편적인 심리 바탕이다. 만약에 도덕적 일면만을 표현하였다면 인격의 표현일 수는 있어도 자아의 표출이라고는 할 수 없다. 내 인격의 열등한 부분인 그림자를 표현할 때 훨씬 더 감동을 준다는 사실을 염두에 두어야 한다.

≪대구문학≫ 가을호에는 모두 25편의 수필이 실려 있었다. 가장 많이 눈에 띄는 양식은 교훈적인 글이다. 교훈적인 글을 읽으면 하나같이 작가는 인격자로 느껴진다. 대부분의 글이 자신의 인격을 다듬어서 완벽한 인간의 모습인 듯한 느낌을 주는 글이었다. 글은 곧 사람이다, 라는 이론에 따라서 글을 쓴다면 글을 쓰는 작가는 인격자가 되고 싶은 유혹에서 벗어나기 어려울 것이다.

글의 서두에서 예시한 수필이론에 따른다면, 자아의 표출이 아닌 인격의 현시를 수필이라고 할 수 있을까? 이런 질문에 대답은 어떻게 해야 할까? 내가 이런 질문을 던지는 것은 작가의 인격에 의문을 나타내고자 하는 것은 아니다. 수필이라는 양식에 맞는 글인가를 묻는 질문을 던져보자는 것이다.

도창희는 분명하게 주장하고 있다. 철학 단상, 칼럼, 사상을 빌려온 교훈적인 글, 지식을 과시하는 글은 절대로 수필이라고 할 수 없다. 그렇다면 수록된 25편 중에서 이 그물망을 빠져나갈 수 있는 작품은 몇 편이나 될까?

우리는 흔히 기행문과 기행수필을 다른 장르로 분류하고 있다. 이 분류 기준에 의한다면 수필에서 털어내어야 할 글이 많아진다.

수필이 쓰이는 과정을 보자. 과거형의 문법으로 쓰인다. 말하자면 과거의 어느 시기에 경험하였던 사실을 기억 속에 저장해 둔다. 글을 쓸 시기쯤에 회상이라는 방법으로 과거의 경험을 의식세계로 불러낸다. 다시 회상은 수필쓰기라는 글쓰기 방법에 의해서 표현될 때 수필 작품으로 태어난다.

그렇다면 회고담과 차이가 없다. 자전 양식의 글을 두고 황병하는 회고담과 수필을 분류적인 방법으로 나누었다. 그렇다면 수필은 회고담과 다른 차이를 보여주어야 한다. 차이에는 앞에서 예시한 수필이론들이 근거가 된다. 수필이 미美를 구축하기 위해서는 작가의 해석과 이해에 의한 의미를 담아야 한다. 단순히 회상에 나타난 경험을 그대로 표현하는 것은 회고담은 될지언정 수필이 될 수는 없다. 다시 한 번 자문해보면, 회고의 수준을 벗어나기 위해서는 나만의 해석을 하여 감동을 줄 수 있는 인생의 의미를 창출해야 한다.

이런 기준에서 본다면 25편의 글에서 수필이라고 할 수 있는 글이 몇 편이나 될까? 물론 모든 글이 나름대로 작가의 해석을 담고 있다. 그러나 도창희의 주장을 참고하여 평가를 내린다면 실망스럽다고 할 수밖에 없다.

우리는 기본적으로 '자기애'를 가지고 있다. 또 자기 보존을 위해서 필요하다. 그렇다고 하여 수필에서 왕자병에라도 걸린 듯이 지나치게 자기주장 내지 자기과시를 하는 글은 결코 감동을 주지 못한다. 교훈적인 글에는 다소나마 나르시시즘이 깔려 있다. 그러나 지나치면 이런 양식의 글이 수필이 될 수는 없다.

두 번째의 잣대인 미의 추구에서 살펴보자. 미의 추구는 감성적 표현이라고 부연설명을 하였다. 이런 경우에는 추상적인 개념어로 주장하는 형식의 글을 쓴다면 감성적 표현이라고 할 수 없다. 칼럼 형식의 글이다. 수필 형식의 글은 아니다. 주장이 강한 글을 읽어보면 칼럼 형식의 글이 많음을 알 수 있다.

감성을 건드리는 글은 개념어의 사용보다는 경험 사실을 구체적으로 표현하여 감동을 주는 형식을 취한다. 독자의 이성을 통하여 이해를 구하고자 하는 글이 아니다. 25편의 글에서 굳이 찾아본다면 조병렬의 〈그래도 당신이 더 낫잖소〉가 그런대로 수필이론에 크게 벗어나지 않는 글이 아닐까?

적어도 수필이라면 기행문 형식의 글, 보고서 형식의 글, 칼럼 형식의 글, 남을 계도하려는 형식의 글, 나의 지식을 과시하려는 글, 나의 선행을 자랑삼아 하는 글, 독자들을 꾸짖는 형식의 글보다는 감성에 호소하여 감동을 주는 글이 바람직하다. 인간의 내면 깊숙이 숨어 있는 나의 그림자를 성찰하듯이 드러내는 진정성이 독자에게 감동을 준다는 사실도 염두에 두어야 한다.

이렇게 따져보면 이번 가을호에 실린 수필은 실망스럽다고 해야 할 것이다. 우리 수필이 왜 이렇게 20년, 30년 전의 수준에서 벗어나지 못하고 있는지도 자성해 보아야 한다. 소설을 보라, 영화를 보라, 그림을 보라. 표현이 어느 수준까지 나아가 있는가를 눈여겨보아야 할 것이다. 우리도 하루빨리 오늘의 예술감각을 익혀야 할 것이다. 수필의 대가들이 주장하는 평도 의미는 있지만 후학들은 그들을 탈피해야 한다. 그래야만이 발전이 있다.

중국 속담을 하나 들면서 글을 마무리하겠다.

"장강의 뒷물결이 앞 물결을 밀어낸다."

문학의 영역에서 수필의
위상은 어디쯤일까?

― ≪대구문학≫ 2009, 여름호의 수필을 읽고

　우리나라의 문학사를 따져보더라도 수필이라는 말이 생겨난 시기는 오래지 않다. 조동일의 ≪한국문학통사≫에 의하면 '수필'이라고 명시하여 발표한 첫 작품은 ≪조선문단≫의 1925년 10월호에 실려 있는 김기진의 〈정복자의 꿈〉이라고 하였다. 1934년에는 조선중앙일보에 한광세가 '수필문학론'을 5회 연재하면서 이론적으로 다루었다. 이태준이 1939년부터 ≪문장≫지에 연재한 작문법을 모아서 ≪문장강화≫라는 단행본을 발행하면서 수필을 특별히 중요시하여 기술한 내용이 수필이론의 고전이 되어 있다. 스스로 수필가로 자처하고 글을 쓴 사람은 김진섭이 처음이라고 한다. 수필은 문학의 4대 장르의 하나라고 하지만 시, 소설, 희곡과 대등한 위치를 차지하지 못하고 문학에서 곁방살이하는 신세가 되었다.

　조동일이 쓴 ≪한국문학통사≫에서 '수필'에 관한 글을 요약해 보았다. 수필이 문학의 장르에 편입된 역사도 일천할뿐더러 냉정하게 말하자면 본류에 편입되지 못하고 곁방살이나 하고 있다는 것이다. 최근에도 수필의 위상에 관하여 타 장르의 문학인들이 은연중에 폄하하는 말을 서슴지 않고 있다. ≪대구문학≫ 여름호에 실린 수필평도 수필평이라기보다는 문학의 기본 이론을 강의하는 내용으로 채워져 있다.

　최근에 신재기 교수는 수필이 굳이 문학의 영역에 머물려고 안달할 필요가 있느냐고 말하였다. 수필이 문학의 성城에 머물려고 안달하는 것은 지극히 추상적인 개념인 문학성이라는 높은 성벽 때문이다. 문학성이라는 용어의 정의가 불확실하지만 고급의 이미지를 심어주므로 문학성은 아우라가 되어서 실체도 없는 신비성으로 존재한다. 조동일의 생각이 아니더라도 수필은 문학성을 획득하기에 난제가 많다는 것이 타 장르 문인들의 생각이다. 말하자면 수필은 전문 문인들이 여기로 쓴 가벼운 글이라는 사고에 젖어 있다.

　예술은 역사적으로 고급예술/저급예술의 편가르기를 주요 축으로 전개되어 왔다. 이러한 분할을 오늘의 예술에도 적용하려는 사람들이 많다. 그러나 고급/저급의 벽이 허물어진 지는 이미 오래되었다. 오늘의 예술 이론에서 핵을 이루는 포스트모더니즘은 고급/저급의 벽허물기를 특징으로 한다. 예술비평도 고급예술의 범주 혹은 미학적 전제에 의하지 않고 다양한 방법을 수용하고 있다.

　수필을 19세기 문학론으로 폄하한다면, 수필을 굳이 문학의 변두리에 빌붙어 있을 필요가 없다. 문학에서 벗어나서 온 세상을 마음대로 넘나들면서 자유를 즐기면(遊) 되는 것이 아닐까?

　근대 서양미술사에서 미술사의 흐름을 뒤바꾼 일련의 화가들이 있다. 대표적으로 고갱과 고흐이다. 앙리 루소도 있다. 이들은 정식으로 미술교육을 받지 않으면서 자기 나름의 그림을 그렸다. 그들은 당시의 미술계에서 냉대를 받으면서 비극적인 생을 살았다. 그들은 아카데미즘이라고 불렀던 전통성의 바깥에서 머물렀지만 후대 화가들에게 끼친 영향은 어느 누구도 따를 수 없다.

20세기에 들어와서는 정규 미술교육을 받지 못한 일련의 화가들이 있었다. 화단과도 관계없이 미술에서 전통성이라고 하는 세련된 기교와도 담을 쌓고, 기교 이전의 순수한 즐거움과 충동적인 본능으로 그림을 그렸다. 자연발생적인 소박함과 치졸함을 드러내며, 특이한 시각과 양식을 특징으로 하는 그림을 그렸다. 미술에서는 '나이브 아트'라고 한다.

전통 문학에서 푸대접을 받는 수필이라면 나이브 아트와 유사점을 가졌기 때문이 아닐까? 기교면에서는 치졸하더라도 순수하고, 소박하고, 진실된 표현으로 즐거움을 얻는 것에 만족하는 수필이라면 바로 나이브 아트와 동일한 것이다.

현대예술의 한 특징이라면 대중화라고 부르는 대량소비 형태이다. 지난 시대에 바로 저급예술로 천대를 받았던 예술 형태이다. 문학에서 대중에게 다가갈 수 있는 가장 손쉬운 장르가 수필이다. 대중들이 수필을 통하여 문학을 향유할 뿐 아니라, 창작까지 경험할 수 있는 통로가 바로 수필이다. 그렇다면 수필은 그 길로 나아가는 것이 바람직하다. 전문 작가가 아니고 생활인이 소위 문학이라는 예술에 참여하여 즐길 수 있는 장르가 바로 수필이다. 따라서 수필은 일반 사람들의 정서 함양과 심성 순화에 적격이다. 현대는 엘리트 문학인이 아닌 아마추어리즘이 요구되는 시대이다. 실제로 일반인을 대상으로 하는 독서 모임이나 글쓰기 모임이 대구에서 활발하게 전개되고 있다. 이런 현상은 오늘의 문화 형태의 한 특징이기도 하다. 일종의 교양주의 문화운동일 수도 있고, 아마추어리즘의 탄생이라는 시대 상황일 수도 있다. 이들을 문학의 성벽 안으로 받아들이느냐, 마느냐의 문제는 전문 문학인의 고민거리일지는 모르지만, 수필을 쓰는 사람은 괘념할 필요가 없다.

수필이 문학이라는 구속에 얽매이다 보면 오히려 읽히지 않고, 문학성도 지니지 못하는 이상한 형태의 글이 되고 만다. 2009년 ≪대구문학≫ 여름호에 실린 수필들도 문학성을 의식하여 글을 쓰다보니 오히려 어색해진 글이 되었다. (여기서 문학성이란 수필 이론에 나오는 의미화를 말한다. 즉 수필은 의미로 미를 구축한다는 것을 말한다.)

고윤자의 〈낚시〉에는 낚시가 주는 상징적 의미를 인간사와 결부시켰다. 글을 잘 썼느냐, 아니냐를 따지기 이전에 문학성에 충실하게 쓴 글임은 틀림없다. 문학성을 너무 추구하다 보니 재미나 즐거움이라는 대중적 가치에는 소홀하지 않았나 싶다.

공진영의 〈큰 나무가 섰던 자리〉는 글 읽기가 쉬웠다. 글을 쓴 연륜을 말해 주듯이 쉬운 문장을 구사하면서도 담아내고자 하는 의미를 분명하게 하였다. 회상 양식의 글쓰기에서 일반적인 특성을 들라면 독자의 감성을 건드리는 것이다. 우리 문화의 전통성과 현대의 편리함이 마찰을 일으키다, 마침내 우리의 전통성이 사라지는 가치관의 전도 현상을 슬픈 시선으로 바라본 글이다. 그러나 가치관의 충돌을 극적으로 표현하여 긴장을 유발하는 구성은 모자란다 싶다. 왜냐면 그런 구성이라야 재미를 주기 때문이다. 대중적 글 읽기는 재미가 바탕이다. 교시적 가치관은 재미 뒤에 은폐되어 있어야 좋은 글이라고 한다.

일반적으로 수필에는 교시적인 내용을 담는다고 하였다. 그래서 문학의 갈래 구분에 수필을 교시문학으로 분류하였다. 이런 분류가 한편으로는 수필을 대중에게 멀어지게 하는 요인이 되었다. 이왕지사 문학의 성벽을 넘어 자유를 얻자면 교시성을 무시해버리면 안 될까?

권정수의 〈결혼식 유감〉에서 강한 교시성이 느껴진다. 결혼식이라는 엄숙한 의례의 장소가 놀이터처럼 바뀌어 버린 오늘의 세태를 못마땅한 시선으로 바라보고 있다. 재미의 추구는 오늘의 가치와 시대 양상을 반영한 것이다. 결혼식도 넓은 의미에서 시대의 양상을 벗어날 수 없다. 교시성이란 기존의 가치관을 긍정하고 변화에 대해서는 부정적인 경향을 띠는 수가 많다. 문학이란 인간의 삶을 속속들이 드러내므로 하나의 가치관에 편재되어 있는 것은 문제가 있다. 변화에 저항하는 것이라면 더더욱 그렇다.

수필은 거의가 회상 형식으로 쓰인다. 오늘의 경험(사후 경험 또는 이차 경험이라고 한다.)이 과거의 경험을 불러내는 것이 회상이다. 회상 속에서는 경험의 진실성보다는 미화되는 것이 일반적인 속성이다. 회상에 담겨 있는 것들이 더 아름답고 가치가 있다고 생각한다. 심리적 특성상 당연하다. 회상 속에 담겨 있는 과거가 미화되어 교시성과 결합하는 것이 하나의 전형으로 굳어져서는 안 된다는 것이 나의 생각이다.

독자에게 글을 읽는다는 것은 재미이다. 공감하는 가치관이다. 감성을 자극하는 강한 호소력이다. 의미는 그 뒤에 숨어 있어야 좋은 글이다. 읽고 나서야 작가가 이 말을 하고 싶었구나(주제),라고 알게 되는 글이 잘 쓴 글이라고 한다. 일반적으로 문학에서는 논리적인 설득보다는 감성에 호소하여 독자의 공감을 이끌어내는 양식의 글이라고 한다.

수필의 교시성에 집착하다 보면 독자의 공감을 억지로 이끌어 내려 작가는 자신의 목소리를 감성적으로 가공하지 않고 생경하게 나타내는 경우가 있다. 독자는 작가의 주장을 강요당한다는 느낌을 받는다. 강요의 기분이 되면 바른 말이더라도 동조를 거부하는 수가 많다.

이번 여름호에 실린 수필의 대부분이 이 범주에서 크게 벗어나지 못하였다. 그렇더라도 내 경험을 소재로 하여 인생사의 의미를 끄집어낸다는 수필 이론에 아주 충실하였다. 주제를 강하게 의식하다 보니 주장이 강해졌다 싶었다. 그렇다고 잘못 쓴 수필이라고 나무랄 수는 없다.

수필이 시, 소설, 희곡 등의 다른 장르에 수용될 수 없는 모든 글을 위한 문학적 장치라면 그 범위를 무한대로 확대할 수 있다. 수필을 '붓 가는 대로 쓰는 형식'이라는 수필론에 강한 거부감을 나타내고 있지만, 오히려 붓 가는 대로 글을 쓰는 것을 수용하는 것이 어떨까? 교시성 따위는 염두에 두지 말고 온갖 내용을 붓 가는 대로의 형식으로 담아 낼 수 있는 글을 쓸 수는 없을까? 나이브 예술처럼 기존의 문학론에 눈치를 보지 말고 치졸하고, 유치하지만 소박하고, 진실이 담긴 글을 쓸 수는 없을까?

권화송의 〈이중인격〉, 김익환의 〈인간의 본능〉, 박노호의 〈잘 늙는 것은* 10〉, 이수복의 〈다시 온고지신을 생각하며〉. 조병렬의 〈죽은 체험〉이 교시성이 아주 강한 수필적인 글이다.

김정식의 〈내 안의 나〉와 전상준의 〈창포보다 수선화〉도 교시성을 나타낸 것이지만 앞에 예로 든 글과는 차이가 있다. 주장의 목소리가 아니고, 노년의 삶을 긍정적으로 바라보는 시선이 담겨 있다. 노년의 삶에서 긍정적인 길을 찾아갈뿐더러 조금은 자기 반성적이어서 읽기가 편안하였다.

특히 〈창포보다 수선화〉에서 노인 세대와 어린이 세대 사이에 사고와 인식의 괴리를 깨닫고, 자기반성을 하는 내용이다. 어린이 세대를 버르장머리 없다는 식의 훈시보다는 새로운 세대들을 따뜻하게 이해하고 수용하였다. 왜냐면 수필에서는 대부분이 기존의 가치관에서 벗어났다 싶으면 작가가 정의의 사도가 되어서 나무라는 글이 많기 때문이다.

이재호의 〈꿈〉과 이정웅의 〈유년의 추억이 깃든 살구나무〉는 전형적인 회상 형식의 글이다. 특히 꿈은 과거의 아픈 기억이 오랜 세월이 지나도 삶에 영향을 준다는 것을 감성에 호소하여 쓴 글이다. 이것은 작가의 목소리가 아니고, 감성에 호소함으로써 독자가 여러 가지 읽기를 하도록 유도하는 형식이다.

이원우의 〈박복한 여인〉과 김정옥의 〈인생은 아름다워〉는 독자들에게 명작(?) 읽기를 하고 나서 소개하는 글이라고 할까? 일종의 독후감 양식도 이런 유의 글이 되지 않을까 싶다. 그만큼 수필의 영역은 넓어질 수 있음을 보여준다. 〈박복한 여인〉의 경우는 한 여인의 삶을 작가 나름대로 읽기를 하고, 해석을 한 것이다. 수필이 문학이라면 굳이 역사적 평가나 기존의 평가와 동일하게 해석할 필요는 없다. 김정옥의 글은 단순히 영화를 소개하는 글이라고 할까.

여름호에 실린 수필을 읽으면서 아이젠하워 미국 대통령의 일화가 생각났다.

아이젠하워가 콜럼비아 대학의 총장에 취임하였다. 학교를 둘러보았더니 잔디밭 가운데로 길이 나 있었다. 입구에는 "잔디밭에 들어가지 마세요."라는 팻말이 서 있었다. 아이젠하워는 왜 길이 났느냐고 안내자에게 물었다. 지름길이라서,라고 하였다. 그럼 팻말을 뽑아 버리고 길을 만들라고 하였다는 일화가 있다.

이 일화를 수필에 적용하면 어떨까? 문학성으로 시비를 걸어오면 문학성이라는 팻말을 뽑아내고 마음껏 유영할 수 있도록 자유를 부여하면 어떨까? 지금은 모든 문화가 팝이니, 대중화니, 소비지향이니 하는 방향으로 흘러가고 있기 때문이다.

여름호에 실린 수필을 읽고 느낀 점은 수필이론들이 팻말이 되어서 오히려 수필 창작을 가로막고 있다는 생각이 들었다.

작품이 독자를 읽는다

거의 모든 문예 창작물은 각자의 체험을 바탕으로 제작된다. 이 실제적 체험에 상상력의 수확인 픽션이 조합되어서 마치 직조물의 씨줄과 날줄처럼 사실성과 허구성이 교차하는 이중 구조로 짜여지는 것이 보통이다.(중략)

그러한 균형성(사실과 허구(상상력의 소산물)의 균형성을 말함)이 유지되어야 좋은 수필이 될 것이라는 논리이다. 그러한 균형성은 또한 위에서 언급한바, 상상력의 활발한 운용과 균형 잡힌 절제로부터 말미암을 수 있는 것이 아닐까.

― 김종희(문학평론가, 경희대 교수)

김종희가 말한 수필쓰기의 과정을 한번 되씹어 본다면 우선, 언젠가 체험하였던 일이 작품의 바탕이 된다고 하였다. 체험을 꼼꼼히 관찰한 후에 상상력을 보태어서 작품으로 직조해낸다고 하였다.
김종희의 주장을 바탕으로 하여 체험에서 작품으로 형상화할 때까지 어떤 심리장치가 관여하는지를 살펴보고 작품의 읽기까지 생각해

보기로 하자. 개인의 체험이 누적되어 기억으로 간직될 때는 개인사가 된다. 체험을 바탕으로 하나의 작품을 구상할 때는 회상이라는 방법으로 기억에 간직되어 있는 체험을 불러내는 과정을 거쳐야 한다.

 심리학자들은 많은 사람들이 회상해낸 경험의 실체가 기억으로 간직되는 동안에 전혀 다른 내용으로 변질이 된다는 사실을 밝혀냈다. 이렇게 기억의 변형을 만들어 내는 주체는 기억하는 주체(여기서는 작가를 말함.)의 심리에 기인한다. 그래서 심리학자들은 이것을 심리적 실체라고 부른다. 우리는 어떤 대상을 지각하게 될 때 '지각의 관점'이라는 색안경을 통해서 받아들이기 때문에 왜곡이 일어나는 것이다. 주체(작가)의 개인사에는, 특히 어린 시절의 체험은 전혀 기억이 되지 않는 공백과 선명한 기억조차도 지각의 색안경을 통하는 동안 변질이 되는 것을 특징으로 하고 있다. 이러한 현상 때문에 우리가 분명하게 말할 수 있는 것은, '우리가 기억하는 것은 사실과 일치하지 않는다.'는 것이다.

 기억의 변형이 일어나는 심리적 장치를 보면, 실제의 경험과 전혀 다른 엉뚱한 사실을 기억하므로 실제적인 사실을 은폐시킨다는 것이다. 이것을 '덮개-기억'이란 용어로 부른다.

 문학 작품에서 표면적인 줄거리를 덮개-기억이라면 뒷면에는 또 다른 이야기의 흐름이 있다는 사실을 간파한 최초의 독자. 아니 문학 평론가는 보르헤스이다. 그는 포우의 탐정소설 〈모르그가의 이중 살인〉을 그런 각도에서 읽어내었다.

 그러나 보르헤스가 더 분명히 알아 낸 것은 표면의 줄거리의 이면을 독자가 읽는다는 것은 불가능하다는 것이다. 우리가 영화를 보고 그 속으로 빠져드는 것은 우리가 영화를 읽어 낸 것이 아니고 영화가 관람객인 우리를 읽어 낸 것이다, 라고 말해야 옳다는 것이다. 문학작품도 마찬가지로 우리가 작품을 읽는 것이 아니고 작품이 독자인 우리를 읽는다는 것이다.

이러한 심리적 장치를 설명하기 위해서 프로이트는 덮개-기억을 말하였다. 덮개-기억은 다른 기억을 은폐하고 있는 동시에 억압된 욕망을 숨기게 된다. 프로이트는 덮개-기억의 특징을 특별히 선명하지만 내용은 아주 사소한 것들로 이루어진 어린 시절의 기억이라고 하였다. 별로 중요해 보이지 않는 사소한 일들의 이면에는 은폐된 기억이 연결되어 있다. 의식의 수면 위로 떠올리기에는 너무 아픈 기억을 별로 해롭지 않는 사소한 기억으로 자리를 바꾸어서 기억한다. 이때의 사소한 일을 굳이 따져본다면 은폐시킨 기억과는 이미지로 어딘가 공유하는 점이 있을 거라고 하였다. 말하자면 덮개-기억에서 불쾌한 기억이 억압되고 은폐되어서 무해한, 아니 유쾌한 기억으로 바꾸어 저장이 된다.

수필은 문학의 그 어느 장르보다도 자신의 사실적 체험을 중요시한다. 체험의 한가운데에는 가족이 있다. 그러다보니 수필에는 주체(작가)의 개인사와 더불어서 가족의 이야기가 많이 나타난다.

프로이트는 1909년에 〈가족소설〉이라는 논문을 발표하였다. 그의 논문에서 '가족소설'의 정의를 이끌어 낸다면 "주체(작가)가 부모와 자기와의 관계를 상상적으로 변경하는 환상을 가진다."라고 할 수 있다. 그렇다면 그것은 상상으로 꾸며낸 가족관계를 이야기하는 것이라고 할 수 있다. '가족소설'의 가장 대표적인 사례는 '고아환상'이라고 할 수 있다. 즉 자기는 부모의 사랑을 받지 못한다고 느끼면서 자기의 부모가 자신을 주워 왔다거나(다리 밑에서) 입양을 하였다고 믿는다. 우리가 이면의 읽기라는 방식으로 '고아환상'을 읽는다면 은폐되어 있는 반대의 현상을 읽어야 한다는 것이다. 예로써 자신이 고아가 되어서 고아원에 살고 있는 가족소설에는 따스한 사랑을 베푸는 고아원 보모와 같이 따스한 어머니를 갖고 싶다는 소망을 표현한 것이라고 하였다.

더 나아가서 고아원 보모를 사랑하므로 자기를 사랑하지 않았던 실제의 어머니에 대한 복수를 하는 것이라고 하였다.(실제의 부모가 자기를 사랑하지 않았다는 기억도 환상일 가능성이 많다고 함.) 그만큼 가족소설을 쓴 사람은 현실의 어머니를 미워한다는 것이다.

이쯤에서 서두에 인용한 김종희의 글을 두고 다시 한번 생각을 해보자. 체험이 작품의 바탕이 된다는 것은 문학의 일반적인 논리이다. 수필은 체험을 더더욱 강조하고 있다. 여기에 상상력을 보태서 체험의 내용을 변경한다고 할 수 있다. 따라서 작품 읽기를 할 때는 체험이 작가에 의해서 변경되어 표현되는 심리적 과정을 이해해지 않고는 작품을 올바르게 읽을 수 없다. 이것은 단순히 상상력의 문제가 아닌, 심층심리라고 하는 더 근원적인 이해를 요구한다.

> 아버지는 나에게 기운찬 날개가 돋기를 간구하였다. 그에 대한 방법은 무조건의 사랑과 정성, 그것은 집 안팎에서 절대적이며, 완전무결에 가까웠다.

'우리 공주님, 잘 잤는가.'로 시작되는 부녀간의 뒤바뀐 아침 인사와 함께 등, 하교를 직접 챙기며, 일하는 사람은 물론 새어머니도 젖혀놓은 채 옷과 식사, 간식까지 낱낱이 관계하였다.
― 이옥자

김종희의 주장에 따라서 읽기를 해보면 어머니의 죽음이라는 체험과, 그 허전한 자리에 아버지의 사랑이라는 상상이 빚어낸 글이라고 하면 읽기를 잘못한 것일까. 아홉 살에 어머니를 여의고 새어머니와 사는 아버지를 바라보는 작가의 시선을 앞에서 인용한 글로 표현하고 있다. 그러나 글의 내용을 실제의 사실이라고 믿어도 될까.

넓은 곳을 날아 보고 싶은 아버지의 날개를 생각지도 못하고, 풍성한 깃털로 뒤덮인 나의 화려한 날개만을 바라는 줄 알았는데, 아버지는 나와 함께 이 세상 저 세상을 두루 구경하고 싶은 소망을 간직하고 계셨던 것이다.
― 이옥자

최근에 아버지의 임종을 지켜보고 나서 아버지를 추모하는 글이다. 그렇다면 프로이트가 제시한 이론대로 가족소설을 재구성해 보기로 하자. '가족소설'에서 가장 흔히 나타나는 현상을 '고아환상'이라 했고, 그 반대의 환상도 흔하다고 하였다. '고아환상'은 자신을 실제보다 더 불쌍한 처지에 있다는 환상이고, 그 반대의 환상은 '이상적인 아버지상을 실제의 아버지로 믿는 환상'이라고 했다. 이 수필에 등장하는 아버지가 현실의 아버지라면 더 이상 바랄 것이 없는 가장 이상형의 아버지이다. 더욱이 어머니를 잃은 아홉 살의 소녀가 상상할 수 있는 모든 이상적인 특성을 전부 갖춘 완전무결한 아버지가 아닌가. 이것은 작가의 욕망일지도 모른다. 욕망이란 결핍이니까 솔직히 말하자면 그런 아버지이기를 바라는 작가의 환상인지도 모른다.

그렇다면 심리적으로 가족의 애정에 대한 결핍이 있는 사람만이 가족소설을 쓸 수 있는 것일까. 프로이트에 의하면 그런 것은 아니라고 하였다. 모든 사람이 가족소설을 쓰고 있다고 하였다. 왜냐면 가족소설은 보편적인 오이디푸스 콤플렉스에 기초하고 있기 때문에 사람으로 살아간다면 가족소설은 쓰기를 벗어날 수가 없다고 하였다.

가족소설 쓰기를 하면, 작가에게 가족소설과 같은 환상이 현실에서의 부족 내지 결핍을 보상해주는 기능이 있다. 프로이트에 의하면 환상(가족소설)은 현실을 교정해주므로 자기에게 충족되지 못한 소망을 성취시켜 준다. 때문에 가족소설은 일종의 보상심리에 의한 것이라고 하였다.

우리는 예술 작품을 창작하므로 찌꺼기 같은 감정을 배설하여 자신을 정화시켜 준다는 이론과 맥이 통한다고 할 수 있다.

작가는 아버지의 임종을 맞이하고 나서야 아버지가 자기에게 베푼 사랑이 자신이 받기를 바란 환상이었다는 사실을 깨닫는다. 아버지도 베풀기만 하는 것이 아니고 자기와 마찬가지로 사랑을 받고 싶어 한다는 사실을 깨닫는다.

이렇게 읽었다면 우리는 수필 한 편을, 아니 작가를 완벽하게 읽었다고 할 수 있을까. 보르헤스 말대로라면 우리는 작품을 절대로 완벽하게 읽을 수가 없다. 만약에 어떤 독자가 이 작품을 읽고 깊은 감동을 느꼈다면, 이것은 앞에서도 말했듯이 작품이 독자를 읽은 것이다. 작가가 내가 이런 글을 쓰면 독자의 심금을 울릴 수 있을 거라는 전략에 독자가 말려들었다는 뜻이 된다. 따라서 독자가 작품을 읽은 것이 아니고, 작품이 독자를 읽은 것이 된다.

독자가 어떤 작품을 읽고 정말 감동했다면 작품의 내용이 독자의 기억 창고에 환상으로 저장되어 있는 내용과 맞아떨어졌기 때문이다. 작가는 수많은 감정이 표면에서 부침하면서 흔들리고 있을 때마다 그 감정의 뒤편에 숨어 있는 욕망 또한 흘러가고 있다. 그리고는 욕망과 억압의 갈등으로 아파하고 있다. 그 아픔이 다시 독자의 마음을 읽어내면서 독자마저 아픔의 강물 따라 흘러가게 한다.

작가가 기억 속에 담아두었던 아버지는 유쾌하고 즐거웠던 사연들이다. 물론 아버지의 임종을 맞이하여 아버지는 추모하는 글이기는 하지만, 새어머니에 대한 기억을 끄집어 내지는 않고 있다. 새어머니에 대한 기억들은 아버지의 기억 뒤에 은폐되어 버린 것일까.

기억에 담겨 있는 아버지를 회상을 통해서 불러내는 동안에 기억의 내용은 주체(작가)의 입맛에 맞게 가공을 하기 때문이다. 아버지를 사이에 두고 새어머니와 서로 차지하려는 경쟁에서 승리를 거두는 환상을 하므로 카타르시스를 느꼈을 것이다. 그러나 은폐된 욕망은 그 반대인지 모른다. 아버지가 무한의 사랑을 베푼 것이라기보다는 작가는 아버지의 사랑을 목말라하였다는 것이다.

이것을 두고 독자가 올바르게 읽었다고 할까. 사실은 이 작품이 독자의 오이디푸스 콤플렉스적인 심리를 읽어내어 승리를 거둔 것이라고 할까.

성찰을 통한 깨달음
- 서경희의 수필세계

　서경희가 전화를 걸어서 자신의 글에 대한 평을 부탁한다고 하였다. 전화를 받는 동안 내내 나는 머릿속에 떠오르는 그의 글들 사이를 헤매고 다녔다. 대구에서 태어나서 대구에서 자랐다는 사실을 잘 알고 있는데도 자꾸 시골의 한적한 마을에서 자란 이미지를 떠올리고 있었다.
　며칠 뒤에 스스로 선정한 작품이라면서 다섯 편을 보내왔다. 〈머플러 휘날리며〉〈배반의 사랑〉〈내가 미쳤나 봐〉〈수필과 사진〉〈밀까(堆), 두들릴까(敲)〉이었다.
　우리의 수필은 서정성을 짙게 깔고 있다. 으레껏 과거에 대한 회억을 정감으로 칠하여 풀어낸다. 그런데 그가 선정해서 보낸 글을 읽으면서 지레짐작하였던 서정성을 쉽게 찾아내지 못하였다. 작품을 읽고 그 작품 속에 담겨 있는 서경희의 사유를 읽어내고, 해석해내는 것이 내가 할 일이다. 작가가 서정성 짙은 작품을 썼든, 아니든 그건 내가 관여할 일이 아니다. 그런데도 나는 왜 갑자기 난감해 하였을까? 나를 난감하게 하였던 그 점이 바로 서경희의 작품 세계를 구성하고 있다고 해야 한다.

〈머플러 휘날리며〉는 서두를 "머플러 휘날리며 바람 부는 외출에서 돌아온 날 바람 같은 깨달음을 얻는다."라고 하였다. 그의 수필은 바로 많은 '깨달음'으로 이루어져 있다. 말하자면 깊은 사색과 성찰로 이루어져 있다. 사색과 성찰은 감성의 활동이기보다는 이성의 활동으로 보아야 한다. 미리부터 서정성을 염두에 두었던 내가 당황하였던 이유이다.

그런데 무심코 오늘 그것이 눈에 닿아 슬쩍 외출복에 맞추어 보던 나는 순간 반짝 별빛을 느꼈다. 평범하던 남들이 차림새가 갑자기 화사한 봄빛으로 날아오르는 것이 아닌가. 불현듯 봄날이 다가와 빛같이 막 피어나는 듯했다.

'아 놀라워라. 차마 버리지 못했지만 영 아니라고 생각했던 그것이 주인을 잘 만나 이렇게 놀라운 비상을 하다니.'

— 〈머플러 휘날리며〉에서

그의 수필을 읽다보면 성찰을 통해서 놀라움을 경험하는 일을 자주 만난다. 의상, 머플러 같은 것은 감정이 존재하지 않는 물적 대상물이다. 조화로움을 느끼고, 감탄하고, 마침내는 깨달음을 얻는 주체는 작가 자신이다. 작가가 자신의 감정을 대상에 이입한 결과일 뿐이다. 우리의 바깥에 있는 모든 대상은 이런 방식으로 존재한다. 작가의 깨달음이 독자에게 공감을 줄 때는 잘 쓴 수필이 된다. 솔직히 말해서 이성적인 방법으로 공감을 이끌어 내는 일은 더 쉽다. 논리성이 되면 수용자의 선택은 제한되기 때문이다. 이런 양식의 글이 감성적으로 공감대를 형성하면 문학작품으로서 좋은 수필이 된다.

서경희의 작품은 서정적인 글과 에세이류 글의 경계선에 머무는 것이 많다. 그렇다고 하여 분명히 에세이류의 글이라고 치부해버리기에는 선뜻 내키지 않는 것도 사실이다. 나는 이것을 그의 작품세계로 보고자 한다.

우리의 수필이 서정 일변도의 하소연적인 내용이(독백이기보다는) 많은 점을 감안한다면 그의 글쓰기 방식은 유의할 가치가 있다. 성찰을 통한 깨달음에서 얻는 감동은 단순히 감성을 울려주므로 얻는 것보다 더 깊이가 있기 때문이다.

〈배반의 사랑〉은 자연에 대한 사랑을 그의 방식대로 풀어쓴 글이다. 자연의 사계절을 불변의 존재가 아닌, 끊임없이 변하고 바뀌어 가서 다른 맛과 색깔을 낸다. 그 변화된 계절을 사랑하게 되는 자신을 '배반의 사랑'이라고 표현하였다.

> 나의 사랑을 시험하듯 봄, 여름, 가을, 겨울 네 명의 꽃미남은 변함없이 나에게 사랑의 헌화를 할 것이다.
> — 〈배반의 사랑〉에서

그의 수필 〈배반의 사랑〉의 결어이다. 우리는 이 글에서 몇 가지의 의미를 상징화하였다고 읽을 수 있다. 첫 번째는 그의 말대로 자연에 대한 사랑의 상징이다. 서두에서도 언급하였지만 서경희는 도회지에서 태어나서, 자랐고, 학교를 다녔고, 지금은 서울이라는 대도시에서 생활을 영위하고 있다. 얼핏 생각하면 그에게 자연은 가까이할 수 없었던 결핍의 존재였을 것이다. 그가 소망하고, 소유하고 싶어 하는 것은 당연지사일 것이다. 그것뿐일까?

> 나의 뇌리를 올챙이와 나팔꽃이라는 두 단어가 탁 때렸다. -생략-
> 다시 말하면 그 올챙이와 나팔꽃은 나도 모르게 내가 가끔씩 돌아가는 내 유년의 야생 들판이기도 하기 때문이다.
> ― 〈올챙이와 나팔꽃〉에서

인간의 손에서 자란 오소리가 다 자란 후에는 결국 야생으로 돌아가더라는 글을 읽고 그가 서술한 글이다. 그가 결국 돌아가고자 한 상징 언어는 '올챙이'와 '나팔꽃'인 것이다. 그의 첫 번째 수필집 ≪장미와 안개꽃≫의 여러 곳에서 밝히고 있는 유년은 대도시가 아니었다. "나의 고향은 대구시 북구 산격동이다."라고 토로하였듯이 주변에는 올챙이와 나팔꽃을 지천으로 만날 수 있는 곳이었다. '한 동네에 아재와 아지매가 수두룩했던' 달성 서씨의 양반네들이 집성촌을 이루고 살던 곳이었다. 그가 보낸 유년의 터는 도회지의 생활과 거리가 먼 시골이나 다름이 없었다. 거기에다 경상도의 양반 성씨들이 모여 사는 마을에서 자랐다. 문중, 혹은 집안이라고 불리는 동네의 특징은 윤리적으로 강한 보수성향이다.

그의 글을 평하는 자리에서 내가 왜 이런 말을 하느냐 하면, 유년의 경험이 평생 동안 우리의 사유와 사색에 영향을 주기 때문이다. 실제로 그의 글에서도 그런 영향이 감지되고 있다. 그의 글에서 도회지의 생활이 아닌 시골의 생활, 자연에 대한 그리움, 그리고 유년 생활로 회귀하고 싶은 무의식적인 소망을 자주 만날 수가 있다. 그것은 그가 살고 있는 도회지의 생활에 대한 정신적인 거부감일 수도 있다. 도회지의 삭막한 인정에 대한 피로감을 표현한 것일 수도 있다. 막연히 이상향을 추구하는 보편적인 인간 심리를 표현한 것일 수도 있다. (작가는 나더러 정신분석은 말아줬으면 해서 더 이상 말하지 않겠다.) 그렇다면 자연에로 회귀는 우리들의 공통된 심리일 수도 있지만, 글쓰기에서 얼마나 강도 있게 표현하느냐는 작가에 따라서 다르다.

또 하나는 "해마다 줏대 없이 네 번이나 사랑을 번갈아 했다."라는 그의 말을 되씹으면서 읽기를 해보자. 50년이나 하였다는 그의 사랑의 행위를 왜 '패륜아'라고 지칭하면서 의미화 하였을까? 계절에 대한 사랑은 그렇게 나쁜 것도 아니다. 그의 내면에는 사랑은 불변해야 하고, 이리 저리 대상을 바꾸어서는 안 된다는 가치관이 자리 잡고 있기 때문이다. 그래서 무의식적으로 패륜아라는 말을 사용하였을 것이다. 앞에서도 말하였듯이 '양반 성씨의 집성촌'을 들먹인 이유가 유년기에 내면화되는 가치관은 평생을 지배하기 때문이다.

초등학교를 다닐 때 모범생이었던 그가 선생님의 숙제를 눈속임으로 하여 가져갔다가 들킨다. 선생님은 아무런 벌도 내리지 않았다. 그 사실을 수십 년이 흐른 이제야 토로하고 있다. 지금 고백한다는 것이 중요한 일이 아니다. 문제는 그가 수십 년 동안을 왜 그 사실을 기억하고 있느냐는 것이다. 오랫동안 기억하고 있다는 것은 그만큼 그에게는 중요한 사실이라는 것을 말한다. 그만큼 그 가치관에 종속되어서 살아왔다는 뜻이 된다. 말하자면 양심에 어긋나는 일은 감히 생각도 못할뿐더러 생각하는 것조차도 죄스럽게 생각하였다는 것을 의미한다.

그의 작품에는 사회적 가치관에서 벗어나지 못하는 사유와 성찰을 많이 보이고 있다. 결국은 사회가 욕구하는 가치관에 순응하며 삶을 꾸려왔다는 것이다. 그러면 작가는 과연 자신의 도덕적 삶에 만족하면서 살았을까? 아니다. 사랑의 대상을 바꾸는 것을 계절이라는 대치물로써 은유적으로 표현하고 있다고 봐야 한다. 그러나 마음 깊숙이는 가치순응적인 삶에 대해서 회의를 느끼고 있음을 계절이라는 대상물에 빗대어서 표현한 것이다. 이것은 평범하게 살고 있는 사람들의 공통적인 정신세계라고 하더라도 서경희의 작품에서 그런 점을 느꼈다면 독자가 자기의 마음을 살펴보는 계기로 삼는 것이 작품 읽기가 아닐까?

우리는 글쓰기에서 이런 방식은 필요하다고 본다. 너무 은유적인 표현은 진실을 오히려 감추는 결과가 올 수 있다. 시가 은유의 방법이라면 수필은 직설적인 것이 더 솔직한 표현 방법일 수 있다. 너무 솔직함은 또 나름대로 문제가 제기되기 때문에(예로써 마광수의 여러 글들) 수필을 쓰는 사람들이 고민해 보아야 할 문제이다.

다른 해석도 가능하지만 자칫하면 작품의 참뜻을 읽기보다는 읽기를 위한 작품이 될 수도 있으므로 더 이상 언급하지 않겠다.

서경희는 마광수의 도덕적 결손을 너그럽게 봐주고 있다. 내가 그의 작품을 가치순응적이라고 읽은 서경희의 모습과는 다르다. 이유는 무엇일까? 그의 말을 들어보자. "면죄부를 주려는 것이 아니라 진짜

한 시인을 만난 듯한 착각에 빠지기도 했다." 그가 말한 앞의 글이 이유이다. 그는 도덕적 결함을 지닌 마광수를 만난 것이 아니고 '시인'을 만난 것이다. 서경희가 그의 글에서 여러 번이나 토로하였듯이 문학에 대한 강한 열정을 표현한 것이 아닐까? 이 수필에서 그가 쓴 글을 독자들이 수용하느냐, 아니냐의 문제가 아니다. 그가 말한 이유가 서경희의 작품세계를 읽기하는 데 도움을 줄 것이다.

"내 모습의 사진이 촬영의 허구를 거치듯 내 정신의 글도 창작의 허구를 건너는 것이다."

이 글은 어쩌면 그의 수필론이라고 보아야 할 것이다. 나도 그의 말에 전적으로 동감한다. 그러나 나는 '단순히 허구이기보다는 숨어 있는 의미를 담고 있는 허구이다.'라고 말하고 싶다. 우리가 내면의 진실을 솔직하게 표현하는 데에 한계가 있다면 그 한계를 극복할 읽기의 방법론을 개발할 수도 있을 것이다.

〈밀까, 두드릴까〉는 그의 글쓰기 방법론으로 읽어야 할 것 같다. 그는 글쓰기를 할 때 퇴고와 수많은 시간을 보내면서 고민을 한다. 다섯 편의 글을 내게 보낼 때도 "글이 마음에 들지 않아서 조금 고쳐야겠다."라는 말을 하였다. 여기서 우리는 서경희의 정신세계의 일단을 읽을 수 있다. 그는 '완벽주의자'인 것이다. 글쓰기 방법론을 말하기 이전에 조금의 실수, 조금의 결점도 쉽게 수용하지 못하는 그의 성격의 일단을 나타냈다고 할 수 있다. 완벽주의자의 특징은 사회의 가치관에서 쉽게 이탈하지 못한다는…, 말하자면 도덕주의자라는 뜻이 된다.

그의 글을 읽어보면 감정을 가공 없이 생경하게 드러내는 것이 아니다. 사유와 사색을 거쳐서 순화하고 정화시킨다. 내가 그의 글을 읽으면서 느낀 점이 바로 사유와 성찰을 잘 거친 글이라는 것이다. 아무래도 서정성이 약해질 수밖에 없다. 그러나 그의 초기 작품을 읽어보면 강한 서정성이 묻어 있다.

그 후 바람이 계속 불고 우리 집 감나무는 완전히 나목이 되었다. 나긋이 비껴선 가지 사이로 하늘은 더 넓어지고 그 사이로 곧 눈발이 흩뿌릴 것이다. 그런 어느 날 어머니는 말씀하셨다.
그 감잎을 좀더 주워놓았어야 했는데, 약하기엔 너무 적어. 아! 그 순간 나는 아찔한 현기증에 사로잡히고 말았다. 배반이고, 혼란이었다.(1978)

나는 지금도 때때로 꿈속에 내가 자라난 그 옛집 담을 끼고 흐르던 작은 도랑물 소리를 들으며, 그 위로 놓인 낮은 다리를 건너 대문으로 들어서는 작은 나의 모습을 떠올리곤 한다.(1985)

1970년대와 80년대에 쓴 그의 수필은 문장이 깊은 감성을 건드릴 만큼 정감에 젖어 있다. 이런 문체를 최근에 쓴 그의 글에서는 잘 만나지지 않는다. 작품이 담고 있는 세계가 바뀌었기 때문이 아닐까?
그의 수필집을 읽은 소감은 첫 번째 작품집과 두 번째 작품집에서 조금 차이가 느껴졌다. 첫 번째 책에는 유년시절을 또는 예전 어느 날을 회상하는 글이 많은 반면에, 두 번째 책에는 현재의 생활과, 오늘의 생활에 대한 비평적인 시각을 담은 글이 많았다. 그리고 사색과 자기 성찰을 다룬 글이 많았다. 결론적으로 말하자면 바로 이것이 그의 작품세계를 구성하고 있다.

너무 서정성 일변도로 흘러가는 우리의 수필을 생각하면 바람직하다고 생각한다. 그렇다고 하여 서경희의 글이 해답을 주고 있다는 것은 아니다. 앞에서도 말하였지만 그의 글은 경계선에서 크게 벗어나지 않기 때문이다. 사색과 성찰도 결국은 사회적 가치에 순응하면서 자기 합리화의 방편으로 삼는다면, 수필에서 또 하나의 문제점만 던져준다는 것을 유념해야 한다.

서경희는 문학을 전공하고, 수십 년 간 수필을 써온 중견작가이다. 중견작가답게 그의 글에는 사색을 통한 무게감이 느껴진다. 탄탄한 문장력과 어문 실력 또한 그의 글을 돋보이게 한다. 그의 말마따나 문학의 길은 길고 험하므로 전진히여 더더욱 좋은 글을 우리에게 선물해주기 바란다.

제4부

결핍(욕망)의 치유로서 글쓰기

- 송명옥의 〈나는 역 지킴이〉를 읽고

　수필쓰기 방법의 일반론으로 가장 흔히 말하는 것이 회상이다. 현재의 심리적인 자극이(사후경험) 작가에게 잠재되어 있는 욕망을 건드려서 과거의 경험을 되살려내는 심리기전에 의한다. 망각의 안개 속으로 사라져버리지 않고 기억의 창고 밑바닥에 가라앉아 있는 경험은 작가에게는 상당히 의미가 있는 사건이다.

　자라처럼 심리적 충격을 안겨 주었던 사건이 의식의 밑바닥에 엎드려 있다가 솥뚜껑 같은 현재의 경험이 계기가 되어서 되살려내는 것이 회상이다. 이것을 심리학에서는 기억의 흔적이라고 한다. 이때 회상으로 떠오르는 흔적인 사물은 작가에게는 아주 유의미한 경험이었음을 뜻한다. 왜냐면 모든 경험이 기억의 흔적이 되어서 의식의 저층에 보관되는 것은 아니기 때문이다. 회상으로 불러낼 수 있는 경험이란 아직도 그 기억에 포로가 되어 있음을 뜻한다.

　군에 입대하기 전날, 아들은 "크레용을 훔친 것이 아니고 안방에서 주운 엄마 돈으로 샀다."라는 말을 한다. 이 말이 과거의 경험을 일깨워내는 계기가 된다. 여기서 '솥뚜껑' 역할을 하는 것은 크레용이다.

이 수필에서 크레용은 하나의 기표가 되어서 의미를 창출하고 있다. 기호작용에서 기표는 고정된 의미를 가지는 것이 아니다. 상징의 대상물이 다른 대상물로 미끄러지면서 끊임없이 이동한다.

"아이의 어린 손가락을 당겨 손톱도 깎고 무릎에 뉘어서 귀지를 파고 '안녕히 다녀오세요, 부처님.'이라며 허리를 굽히기도 했다. 겉으로 보기에는 조용했지만 가끔 어금니를 깨물고 아이를 노려보고 '이놈 저놈' 하며 음성을 돋우었다."

아이와 살아가는 것을 행복해 하는 보편적인 어머니의 모습을 보여준다. 그러나 작가의 이 표현 뒤에는 특수성을 띤 어머니가 숨어 있다. "현실이 억울하기도….."라는 언급은 어머니와 아들 사이의 관계가 어머니의 처지 때문에 특수하다는 것을 암시한다. 위의 인용은 어머니가 행복해 했던 시절을 어린 아들과 살았던 시절이었음을 말한다. 이 글을 읽고 있으면 작가는 감정의 파도를 가라앉히고 과거를 조용한 어투로 말하고 있지만, 착잡하고 격렬한 감정이 혼재되어 있음도 문맥상으로 읽혀진다.

입대하는 아들의 말이 계기가 되어서 회상으로 돌아오는 과거의 경험은 이러하였다.

아들이 초등학교 이 학년이던 봄날, 책가방에서 낯선 크레용 세트를 보았다. 손바닥만 한 크레용 통을 보는 순간 '훔쳐왔다'는 느낌이 들었다. 화창한 햇살을 받으며 나는 잠시 머릿속이 비었다. 아이는 잘못했다고 비는데 나는 눈물이 났다. 나쁜 손버릇을 처음에 확실히 바로잡아야 한다면서 작은 회초리를 밀치고 야구방망이를 들었다.
 어머니에게 야구방망이로 벌을 받고 잠들어 있는 아이를 보았을 때 엄마는 회한이 서렸다. "잠든 아이의 손은 조그마했다."라는 표현에서 엄마의 회한이 얼마나 컸는가를 독자들은 절감할 수 있다. 왜 그랬을까? 크레용으로 표상된 기표의 의미작용은 작가의 어린 시절로 미끄러지면서 아들의 행위가 아닌 작가의 기억 흔적이 표출된다.

 "작은 크레용 통은 나에게 부끄러움이었다. '명옥이가 내 크레용 훔쳐갔다.' 오빠가 외숙모에게 말했다. 열 개가 든 작은 크레용 세트는 예뻤다. 아무도 없는 방에서 주머니에 넣고 나오다가 오빠를 만났다. (생략) 곧 소문이 나면 학교에도 못 갈 것 같았다. 외숙모가 쥐어준 크레용은 무겁기만 했다."

 작가의 고백에서 크레용은 곧 아들이 저지른 사건의 기표가 아니고 작가의 내면에 숨어있던 아픈 기억 흔적을 들추어냈음을 알 수 있다. 크레용은 작가의 수치스러운 과거를 지칭하는 기표로 작용하였다. 그 과거는 작가의 의식과 무의식 세계에 머물면서 심리상태를 지배하고 있었을 것이다. 지금도 그 흔적을 말끔히 지워버리지 못하고 괴로워하고 있는 것이다. 입대할 때 아들이 들려준 말이 비수가 되어서(작가는 말하지 않지만) 가슴을 아프게 하였을 것이다.
 작가의 의식세계에서는 자신의 아픈 과거 때문에 아들에 대한 자신의 처벌을 너무 가혹하였음은 인식하고 있다. 자신의 과거 경험 때문에 회초리에서 야구방망이로 바뀐 처벌의 강도는 자신의 부끄러움에 대한 속죄이었을 것이다. 아들에 대한 자신의 처벌에 대하여 심한 죄책감을 느낀다. 이제는 야구방망이가 아들과 자신의 관계를 말해주는 기표가 되었다. 이처럼 의식 세계와 무의식 세계의 괴리로 인한 자신의 행위 때문에 작가는 지금까지도 괴로워하고 있다. 아마도 이 때문에 작가는 이 글을 썼을 것이다.

유아기에 친구의 물건을 자기 물건처럼 갖고 노는 것은 성인이 생각하듯이 마음이 나빠서가 아니다. 그렇더라도 벌은 주는 것은 당연하기 때문에 죄책감을 느낄 이유는 아니다. 문제는 벌을 주는 엄마가 어떤 심리적 자극으로 받아들이느냐이다. 처벌의 강도는 아이의 행위가 정한다기보다는 순전히 벌을 주는 자의 심리와 관련이 되기 때문이다.

처벌의 강도는 엄마에게 잠재된 무의식적인 경험이 큰 역할을 한다. 벌은 받는 자의 입장에서는 어머니의 처벌은 순전히 어머니의 심리적인 경험을 맛보는 것이다. 그 결과 어머니의 아팠던 경험의 잔재가 아들의 기억 흔적으로 전이한다.

이때부터는 어머니의 가슴을 아프게 하는 또 하나의 상징물이 야구방망이가 되었다. 야구방망이는 순전히 어머니와 아들의 심리적 관계를 설정하는 상징물이 되어서 나타났다.

"그 해 아이는 포수 글러브를 사 달라 했다. 포수 글러브를 중심으로 팀이 만들어진다면서, 포수 글러브를 가지고 보니 야구방망이가 더 있어야 했다. 나무 방망이, 알루미늄 방망이, 금 간 방망이, 아직 나무 냄새가 나는 방망이, 크레용 사건을 본 어린이용 야구방망이…."

야구방망이를 보는 어머니가 어떤 심정이었는지는 언급하고 있지는 않다. 그러나 위의 인용문의 마지막에 "크레용 사건을 본 어린이용 야구방망이…."라는 표현은 유의미하다. 특히 '…'의 표시는 상당히 내밀한 이야기를 숨기고 있다. 나는 '…'의 표현이 어머니와 아들 사이의 내밀한 이야기를 숨기고 있다고 생각한다. 어쩌면 지금도 드러내고 싶지 않은 내용인지도 모른다.

엄마와 아이, 또 어머니와 아들 사이는 어떤 관계로 맺어져 있을까? 상투적인 대답은 '사랑'이라고 말한다. 솔직히 말해서 둘을 맺어주는 연결고리는 사랑만이 전부가 아니다. 아이에게 또는 아들에게 향하는 엄마나 어머니의 관점과, 엄마 또는 어머니에게 향하는 아이나 아들의 관점에 관하여 우리는 질문을 던져 볼 수 있다. 양 방향으로 향하는 관점이 같지 않다는 것은 잘 알려진 사실이다. 아이에게 엄마는 욕망을 채워주는 사랑의 존재인 동시에 욕망의 억제를 강요하는 증오의 대상이기도 한 이중적 존재이다. 반면에 아이에게 향하는 엄마의 감정은 거의 본능적인 애정으로 이루어져 있다. 〈나는 역 지킴이〉에서는 이 관계를 심리적인 언어를 구사하면서 내밀한 가족 이야기를 펼치고 있다. 독자도 이 관계를 곱씹으면서 읽어 보아야 글의 깊은 묘미를 맛볼 수 있다.

"말없이 야구방망이를 세워 놓고 가는 청년의 선택을 믿는다."

입대하면서 평소에 즐겨 사용하였던 야구방망이를 거실에 세워 두고 떠나갔다. 어머니에게 입대는 아들이 성인으로 자라서 독립한다는 흐뭇함과, 어머니를 떠나가는 모습의 쓸쓸함도 보았을 것이다. 작가는 아들이 성인으로 성장하였음을 인정하고자 한다. "야구방망이는 주인이 없는 집에서 아홉 살의 꼬마도 되고, 스무 살도 된다."는 언급에서 야구방망이가 작가에게 주는 심리적인 빚은 크다고 할 수 있다.

야구방망이는 둘의 관계를 표상하는 또 하나의 기표이다. 이 기표가 과거의 경험 하나를 상징하는 것이라면 크레용의 기표와 다를 바 없다. 그러나 크레용이 순전히 작가를 의미하는 표상물이었다면 야구방망이에는 작가와 아들이 관련된 표상물이다. 아들에게서 크레용은 어머니가 지고 있는 짐처럼 아픈 흔적일 수 있지만 청년이 되어서 어머니에게 던진 '훔치지 않았다.'라는 말은 어머니만큼 아파하지 않았음을 내비치고 있다. 오랫동안 가슴속에 묻어 두었다가 이제야 말하는 것은 어머니의 애정에 대한 갈망이라고 볼 수 있다. 크레용 때문에 거두어들인 어머니의 애정을 돌려받고 싶은 아들의 소망이 담겨있는 말이다.

어머니는 애정을 거두어들인 것이 아니고 아들에 대한 애정 때문에 얼마나 죄책감을 느끼고 있는지를 아들은 모르고 있다는 뜻이다. 야구방망이의 상징 언어도 아들에게는 어머니에 대한 암시적인 사랑의 요구인지도 모른다. 인간은 끊임없이 사랑을 갈망하는 존재이기 때문이다.

한편으로는 야구방망이라는 상징물을 통하여 옛 기억을 지우지 않으므로 무의식적으로 어머니가 요구하는 아들이 되기 위한 징표로 삼았을 것이다. 아이는 어머니의 사랑을 갈망하고, 어머니의 욕망의 자리에 자신이 위치하기를 바라고 있다. 야구방망이를 통하여 자신이 그 자리에 있음을 무의식적으로 어머니에게 과시하였을 것이다. 야구방망이는 아들에게는 어머니의 요구를 대변하기 때문이다.
 "처음으로 소개하는 아들의 여자 친구에게 질투라니? 질투는커녕 안심이다. 입이 귀에 걸릴 지경이다."
 아들의 여자 친구를 소개하였을 때 어머니의 일반적인 심리반응은 섭섭함과 대견함이라고 한다. 작가는 섭섭함을 전혀 느끼지 않는다. 대견함만 느낀다. 그것도 입이 귀에 걸릴 만큼 기뻐하고 있다. 일반적인 어머니의 심리반응과 차이가 나는 것을 어떻게 설명해야 할까? '귀에 걸린다.'는 표현은 조금 과장된 것이 아닐까,라는 생각이 든다.
 일반적으로 표현이 과잉일 때는 오히려 반대의 뜻을 숨긴다고 하였다. 이 글에서는 작가의 내면을 더 이상 읽어볼 수 없다. 어쩌면 이것을 정확하게 읽어내는 것이 작가의 내면세계를 좀 더 따뜻한 시선으로 이해할 수 있을지 모른다. 그러나 이것은 독자의 몫이 아닌 작가의 몫으로 남겨두어야 할 것 같다.
 "가정은 아이의 역이고, 나는 역 지킴이이다. 아들이 역을 떠날 때가 가까워오는 것 같다. 새 세상을 향해 힘껏 날아갈 시간이 되었다."
 이 수필의 결어이다. 맞는 말이다. 가장 바람직한 우리의 바람이 아닐까. 아이가 자라서 독립하여 살아가도록 하는 것이 양육의 목적이다. 그러나 어머니는 이 세상을 혼자서 살아간다는 것이 얼마나 힘들고 어려운지를 잘 알고 있다.
 역은 가정의 상징이다. 역으로 상징된 집 또는 가정은 작가에게 행복을 표현하는 기표이다. 가정이 행복의 자리라는 것을 잘 아는 작가가 아이에게 집은 언제나 돌아와서 쉴 수 있는 역이기를 바란다.

블로흐는 이렇게 말하였다. 문학 작품은 작가의 결핍(욕망)이 표현된 것이다. 문맥의 어디에서든지 작가가 소망하는 꿈과 유토피아가 나타난다. 유토피아는 작가의 욕망과 다름 아니다. 그렇다면 이 글에서 작가가 소망하는 꿈은 역으로 상징되는 가정이라고 말할 수 있다.

작가는 현실에 바탕을 둔 욕망들을 작품이라는 몽상의 세계를 만든다는 것이 프로이트의 주장이다. 우리는 유년시절을 통하여 경험하였던 쾌락을 절대로 포기하지 않는다. 다만 그 대상을 바꿀 뿐이다. 작가는 회상을 통해서 유년시절로 되돌아가는 것이다. 아들이 아직 어렸을 때 엄마와 아이가 살았을 때의 기억이 행복으로 남아 있을 것이다. 또는 작가의 유년시절에 겪었던 가정의 행복이 아름다운 기억으로 남아 있을 것이다. 작가는 작품에서 자신의 유토피아를 아들이 돌아와서 머무는 역으로 표현하였다. 그것은 단순히 아들이 돌아오는 역이 아니고, 아들과 어머니가 머무는 행복한 가정을 자신의 유토피아로 설정한 것이다.

그러나 우리는 꿈을(공상이 아닌 상상의 유토피아로서 몽상을 말한다.) 내면적인 삶으로 여기기 때문에 마음속으로만 품고 있다. 따라서 몽상은 유치하고 수치스럽다고 생각한다. 어른의 욕망은 숨기고 싶은 것이 많다고 한다. 몽상은 자신의 결핍을 메우기 위해서 상상으로 펼치는 헛된 꿈이라고 생각하기 때문이다. 자신의 몽상을 고백하기보다는 자신이 잘못하였다는 투의 오류를 고백하는 경향이 있다고 한다. 이것은 수필의 경향이기도 하다.

수필은 자신의 내면을 드러내는 작업인 동시에 자신을 성찰할 수 있는 방법이기도 하다. 수필이 치료문학으로서 가치가 있는 이유이다. 그렇지만 우리는 자신의 욕망은 자기의 것으로만 여기기 때문에 숨기려 한다. 몽상의 뒤로, 유토피아의 뒤로 숨기려 한다.

프로이트는 괴테의 시를 인용하여 우리에게 치료의 방법을 제시한다. "괴로워하는 사람이 입을 다물 때 신은 나에게 얼마나 고통스러운지를 말할 것을 허락하였다."라는 괴테의 시를 수필쓰기에 적용해 보자. '사람들이 자신의 욕망을 몽상의 뒤로 숨길 때 작가는 진실이 얼마나 고통스러운지를 말하도록 신이 허락하였다.'라고 말할 수 있다. 독자는 작가가 자신이 내밀한 이야기를 들려줄 때 진한 쾌감을 느낀다.

작가는 이 글에서 자신의 내면을 진솔하게 표현하였다. 그러나 유토피아의 뒤에 숨어 있는 작가의 욕망을 읽어 낼 때 독자는 더 진한 쾌감을 느낄 것이다. 작가도 신의 허락을 받아들일 때 치료의 효과도 맛볼 것이다.

다양한 해석의 글 읽기

- 신재기의 〈어머니의 장한몽〉을 읽고

나는 읽기를 하면서 어떻게 읽어야 할까를 정말 고심하였다. 한글을 비하하여 '칙간(변소)글'이라 할 만큼 배우기 쉽고, 읽기 쉽고, 의미 전달이 용이하다는 글인데도 고심하였다는 것은 어폐가 있는 것이 아닐까?

자신의 의사를 전달하기 위해서 어떤 방법을 사용하느냐에 따라 수신자의 반응이 달라질 수 있다. 문학에서는 의사 전달의 수단에 의하여 시, 소설, 시조, 수필 등의 여러 장르로 나뉜다. 문학에서는 어느 장르의 방법으로 표현하느냐에 의하여 독자가 느끼는 감성적 반응이 달라진다고 하였다.

작가가 어머니를 이야기할 때는 어머니는 자신이 바라본 관찰의 대상이 된다. 이 글은 수필의 방법을 선택하였으므로 일인칭 화법으로 서술하였다. 일인칭 화자가 사용하는 언어 기능에는 정서적 기능이 강화되는 것을 특징으로 꼽는다. 이것은 작가(발신자)가 언급하고 있는 대상 그 자체를 향하는 작가 자신의 태도에 초점을 맞추었다는 뜻이다. 〈어머니의 장한몽〉에서 작가가 관찰하는 대상은 단연 어머니이다. 그러나 작가는 이 글에서 ≪장한몽≫에 더 깊은 의미를 부여하였음을 알 수 있다. 글을 읽어보면 ≪장한몽≫의 내용이 아니고 장한몽 그 자체에 더 의미화 하였음을 알 수 있다.

문학을 예술로 편입시키는 조건을 문학성에 두고 있다. 언어를 통한 의사 전달의 과정에서 복수의 의미를 느끼게 될 때를 문학성이 느껴진다고 말한다. 의미의 애매모호성을 문학성이라고 한다면 수용자인 독자는 작가와 다르게 다양한 해석이 가능하다. 따라서 단일 해석이 아닌 이중의 상황을 느끼게 될 때 본질적으로 문학적이 된다. 이런 이유로 엿보기나 훔쳐보기가 가능한 상황일 때는 문학적이 된다.

이 글에서 작가의 일인칭 언술을 통하여 진술한 어머니의 장한몽을 훔쳐보기 하는 것으로 문학성 읽기를 해보자.

이 글은 수필의 일반 형식인 이차 경험을 통하여 일차 경험을 회상해 낸다. 서재에서 ≪장한몽≫이라는 책을 만났을 때 생전의 어머니를 기억해 내었다. 회상으로 되돌아온 어머니라는 대상은 작가에게 어떤 이미지를 남기었을까? 책을 읽는다는 것이다. 작가의 책인 ≪침묵의 소리를 듣는다≫와 ≪장한몽≫을 주로 읽었다. 여기서 작가가 관심을 갖는 대상은 어머니에서 ≪장한몽≫으로 옮겨 간다. 물론 그 과정에는 자신의 책을 읽은 어머니에 관한 이야기도 있고, 돌아가시기 직전까지의 생활에 관한 이야기도 있다.

"유년 시절 나는 아버지의 책 읽는 소리와 추임새처럼 끼어드는 어머니의 목소리가 한데 어우러지는 정겨운 화음을 자주 들었다. 일상에서 자주 부딪치던 두 분이었으나 책을 읽을 때만은 장단이 맞았고,

완벽한 부부이었다."

  유년 시절의 경험은 거의가 환상으로 채워져 있다는 것이 정신분석학의 이론이다. ≪장한몽≫을 통하여 작가가 일차적 경험이었던 유년을 회상 속에서 찾아간다. 거기에는 아버지와 어머니의 행복했던 시절이라는, 작가의 욕망에 대한 보상이 깔리어 있다. 이 과정을 통하여 작가는 독자에게 의미를 전달한다.

  수필은 언어라는 매체를 통하여 지시하고, 정서를 전달한다. 이럴 때의 수필은 우리의 감각 기능을 확장시키는 역할을 한다. 이제 작가가 전달하는 경험을 독자가 인식적 경험으로 바꾸어서 읽을 때는 전달되는 의미의 수용이 일어난다. 수필이 문학이기 위해서는 그 의미가 확정적이지 않고, 이중적, 삼중적이어야 한다. 그렇다면 독자는 어떻게 읽어야 할까,라는 문제와 마주치게 된다.

  독자는 다시 ≪장한몽≫에서 작가의 어머니와 아버지의 행복하였던 경험 속으로 옮겨 가게 된다. 독자가 만나는 이 사실은 작가의 정서를 거쳐서 독자에게 전달된다. 독자는 다시 작가의 감정을 읽어야 하는 문제로 이동하게 된다. 이로써 독자는 작가의 감정을 어떻게 수용해야 할까, 하는 문제에 봉착한다. 앞서도 이야기하였듯이 유년 시절의 기억은 상당 부분이 환상으로 채워져 있기 때문이다.

  나는 우선 ≪장한몽≫에 대한 작가의 읽기를 관찰해야 된다고 생각한다. 수필은 어떤 대상물을 소재로 하였든지 간에 어디까지나 작가 자신을 표현하는 것이기 때문이다.

  "뻔한 이야기에 계속 빠져드는 어머니의 속내를 이해하지 못했다.

어머니의 말씀대로 단지 이야기가 재미있어 읽는 줄만 알았다. 지금 생각하니 그게 아니었다. 어머니는 책 내용에 빠진 것이 아니고, 아버지와 함께 그 책을 읽었던 과거로 되돌아갔던 것이다. 또한 삼십 년 전에 돌아가신 아버지가 그리웠던 것이다."

작가가 어머니 읽기를 한 것은 정확한 것일지도 모른다. 그러나 이것은 어디까지나 어머니 자신이 아닌 작가의 어머니 읽기이었음을 유념해야 한다. 작가는 어머니를 왜 그렇게 인식하였을까? 인식하기 위해서는 작가의 경험생리적이고, 심리적인 활동이 역할한다. 따라서 외부의 대상을 자신에게 반영하여 관념적으로 재생산하는 과정을 밟는다. 작가가 어머니와 아버지의 행복했던 시절을 의식해낸 배경에는 그곳에서 작가 자신의 행복을 엿본 것이 아닐까? 다시 말하자면 수십 년 전의 유년 시절에서 작가의 행복하였던 시절을 찾았던 것이 아닐까?

문학에서 추구하는 이상향은 작가의 욕망을 상징적으로 표현한 것이다. 이상향은 쾌락에 둘러싸인 장소인 동시에 현실의 도피처이기도 하다. 단순한 도피처가 아니고, 욕구불만으로 점철된 현실 생활에 대한 보상인 동시에, 부정적인 나를 긍정적으로 바꾸어 주는 역할도 한다.

이 글은 문학이라는 수단들 중에서 수필이라는 방법을 사용하여 독자에게 의미 전달을 하고자 하였다. 수필은 표현의 방법론에서 수신자가 감각적으로 수용할 수 있는 언어를 구사해야 한다. 이럴 때의 수필이 작가와 독자를 연결하는 매체인 동시에 문학이 된다. 그렇다면 수필은 직접적이고, 사실적으로 의미를 전달하기보다는 상징적으로 전달해야 문학성이 강화된다.

"겨울 초저녁 호롱불 밑에서 아버지는 책을 읽고, 어머니는 식구의 해진 옷가지를 꿰매면서 책 속의 이야기를 따라갔다. 그 소리를 잠결에 들으면서 나는 깊은 꿈의 세계로 빠져 들곤 했다."

〈어머니의 장한몽〉을 상징화하였을 때 작가에게 남는 것은 아버지와 어머니가 두런두런 나누는 이야기를 들으면서 따뜻한 이불 밑에서 잠에 빠져드는 것이었다. 행복감이었다. 이 글에서 '장한몽'은 소설의 내용처럼 슬픈 사랑을 상징하는 것이 아니다. 어머니의 아버지에 대한 애틋한 사랑을 상징하는 것도 아니다.

작가에게 행복했던 시간을 상징하는 것은 꼭 잠속으로 빠져들던 유년 시절이 아니라도 좋다. 수필 속의 그 시간은 실제의 시간이기보다는 작가가 환상하는 유토피아의 시간을 상징하기 때문이다. 작가가 현실의 고달픔(작가의 책을 읽은 어머니의 언급에서)을 벗어나고픈 이상향을 상징한다고 보기 때문이다.

"어머니를 아버지 산소 곁에 쌍봉으로 모신 것은 아주 잘한 일이다."

결어의 쌍분은 아버지와 어머니가 ≪장한몽≫의 이야기를 나누던 유년 시절을 연상시켜 준다. 어머니가 아닌 작가가 행복의 시간을 누렸던 시간을 상징하여 주기도 한다.

수필 쓰기에서 지나친 진실성의 강조는 수필 내용을 너무 자구적으로 해석하도록 강요하는 것이 아닐까? 우리는 경험을 너무 규약화시키고, 관습화시키므로 수필이 지성적 경험의 나열에 머물게 하고, 의미를 축소시켜 버린다. 나는 어머니의 자리에 작가를 상정하고 읽기를 해보았다.

이 수필에는 깊은 서정성도 있고, (필자가) 방금 읽었듯이 상징성도 있다. 그래서 다양한 읽기가 가능하다. 수필의 형식성에서도 글이 전개되는 과정이 아주 자연스럽다. 우리 주변에는 이와 유사한 소재들이 많다. 이런 소재로는 수필의 표현 방법이 가장 적합하지 않을까? 수필 쓰기에서 하나의 유형으로 참고할 수 있으리라 생각한다.

(≪영남수필≫ 40집)

유희와 패러디를 차용한 글쓰기
- 구활의 〈좋은 술 석 잔의 유혹〉을 읽고

　최근에 발표하는 구활의 수필은 1980년대에 발간한 수필집에 실린 그의 글과 양식에서 조금 다른 면모를 보여주고 있다. 요약하면 해학의 요소들이 가미되어서 유희적 경향을 띠고 있다. 이런 이유로 이전의 글보다 읽기가 가벼워진 느낌을 준다. 또 하나는 자신의 직접적인 체험을 묘사하기보다는 패러디의 개념으로 읽어야 할 차용이 많다. 차용해온 글이 진지한 표정을 하고 읽어야 할 내용이기보다는 사랑방에서 말장난 삼아 나누는 언설들이다.

　〈좋은 술 석 잔의 유혹〉도 최근에 발표하는 글의 경향을 잘 보여준다. 글의 대부분을 유희적 경향을 보이는 언설들을 패러디하여 구성하고 있다. 가난하게 살았다는 사람과 상류층 사람들을 대비하였다는 일면이 없는 것은 아니다.
　" '사돈어른, 밥을 자실랍니까? 술을 한잔 드실랍니꺼? 하고 물었더니 '막걸리 안주에 밥이 좋지요.'란 우스개는 많은 것을 생각하게 한다."

이 글은 가난하게 살았던 사람들의 삶을 생각하게 하지만, 글의 흐름에서 언어의 유희성에 더 무게를 두었다고 할 수 있다. 왜냐면, 언어내용에서 해학적 요소가 강조되므로 '가난'이라는 현실적인 문제는 희석되어 버렸기 때문이다.

동양 미학에 의하면 선비들이 묵희적이고, 유희적으로 소략하게 그리는 그림이라고 하여 무의미한 붓질만 하는 것은 아니다. 그리고자 하는 대상물을 철저히 관찰하고 이해해야 의미를 담아 낼 수 있다고 하였다. 마찬가지로 일상에서 유희하듯이 가볍게 나누는 언어들을 빌려 올 때도 철저한 심사숙고가 필요하다. 자칫하면 장난의 글이 되기 때문이다. 이런 면에서 이 글에서 차용한 유희의 글에는 의미를 담아 내기에 충분하다.

유희와 예술은 서로 닮은 점을 공유하고 있다. 유희는 합리적인 목적을 위해서 규칙 속에 갇혀 있는 것이 아니고, 자유로운 자기 지향성을 지닌다. 내용에서 진지함과 대립될 뿐더러 현실에 대해서 저항적이다. 작가가 차용해온 언설은 사돈 간에 주고 받는 대화이다. 현실에서는 예의라는 규범 때문에 절대로 나눌 수 없는 대화이다. 유희적 언어는 일상의 규칙성에서 벗어나므로 진지함이 제거되어 장난기로 느껴진다. 그러나 이 글은 단순히 웃음만을 목표로 하지 않는다. 대화의 뒤에는 가난이라는 숨은 의미가 있기 때문이다.

당대의 명사들이었던 선비들이 나누었던 풍류적이고 해학적인 언어들을 차용하여 대비점으로 내세웠기 때문이다.

수필에서는 자신의 경험이나 관념을 표현하는 것이 아니고, 그가 스스로 바라본 자신의 내면을 표현해야 한다는 사실에 주목해보자. "네 사람의 문답 중에 '시와 술'을 동시에 생각하는 서애의 풍류가 최상이 아닌가."

작가가 내린 결론이다. 바꾸어 말하자면 그가 바라본 자신의 내면을 표현한 것이다. 결국 그가 이 글에서 말하고자 하는 것은 '풍류적인 삶'에 대한 예찬이다. 이 글의 주제가 가난하게 살았던 사람에 대한 연민의 시선이 아니었음을 말해준다.

"중국 청나라 장조가 쓴 《유몽영》에 이런 구절이 나온다. '풍류는 혼자 누리되 다만 꽃과 새의 동참을 허용한다. 거기에다 안개와 노을이 찾아와 공양을 한다면 그건 받을 만하다. 세상 일을 다 잊을 수 있지만 여태 담담할 수 없는 건 좋은 술 석 잔이다.' 기가 막히는 고백이다. 어쩌면 내 생각과 그렇게 꼭 닮았는지 눈물이 핑 돌 정도이다."

작가는 장조의 글에 의탁하여 자신의 욕망을 드러내었다. 이 글이 묘사하고 있는 정경은 중국의 사대부들이 자연 속에 숨어서 은일의 삶을 즐긴다는 사상을 내포하고 있다. 실제로 중국의 산수화에는 이런 정경을 그린 것이 무수히 많다. 그러나 술의 의미는 다르다. 속세와 인연을 이어주고 있다. 또 흥취의 상징으로서 풍류를 의미한다. 왜냐면 은일의 삶과 풍류는 차이가 나기 때문이다. 옛날 선비들이 이들을 찬미한 것은 현실에서는 이룰 수 없었던 자신의 욕망을 언어유희로 표출한 것이라고 보아야 한다.

은일이 삶의 방식이라면 풍류는 삶의 태도이다. 현실의 삶을 지키면서도 유희적인 요소가 강한 삶의 태도인 것이다. 둘 다 현실적인 삶과는 대립적이고 대칭적이다. 그러나 풍류는 현실의 삶을 살면서 행하는 태도이다. 작가는 유희적 요소가 강한 풍류를 욕망하고 있음은 현실 삶의 끈도 놓을 수 없다는 뜻이다.

유희는 목적성이 없는 자유로운 행위이고, 감성적인 요소가 변형되어서 형성된 것이다. 유희하는 자는 의도 없는 질서를 형성하여 스스로 만족하고, 상상을 통하여 정서 활동을 영위하는 것이다. 그렇다면 술 석 잔이 주는 풍류적인 삶에 대한 작가의 찬미를 어떻게 보아야 할 것인가? 작가의 욕망으로 보아야 한다. 욕망은 속성상 영원히 충족될 수 없는 인간 심리상의 결핍이다. 작가는 풍류의 삶을 욕망하는 자신을 드러내었다. 속세의 고달픔에서 벗어나고 싶다는 보편적인 인간 심리의 표현이기도 하다.

수필가 구활은 많은 독자를 가지고 있다. 이 글에서 보듯이 인간의 욕망을 적절하게 풀어내는 능력 때문이다. 욕망이란 일반적으로 금지된 언어들로 구성되어 있는 무의식의 한 형태이다. 의식 세계에서는 표현하기 쉽지 않은 언어들이다. 금지된 언어이기 때문에 그의 수필은 독자의 심리적 욕구를 채워준다.

그가 글로 풀어내는 방법론을 보면 옛사람의 글을 패러디하는 기법을 주로 사용한다. 패러디란 이미지의 차용이다. 차용이기 때문에 나의 이야기가 아니고 타인의 이야기에서 이미지만 차용함으로써 작가는 금기로부터 자유로울 수 있다. 반면에 차용과 언어 속에 숨어버리는 작가는 진정성에 대한 의문이 남길 수 있다. 언어의 유희 단계에서는 이성적인 비평에 의해서 억제되었던 쾌락을 허용한다. 작가는 이와 같은 유희의 특성을 최대한 이용하여 독자에게 쾌락을 선사한다.

> "어머니가 살아 계실 때 자주 하시던 말씀이 있다. '술 좀 작작 마셔라.'였다."

술 석 잔은 작가에게 금지의 언어이었음을 말해주는 대목이다.
이 수필을 교과서적인 수필론으로 다시 점검해 보자. 주제는 글을 통일시켜 주는 고리이다. 단락은 주제를 살려내기 위해서 봉사해야 한다. 글은 발단과 종결에 일관성이 있어야 한다. 이 글은 구성에서 서두의 가난한 자의 언급과 상류층 계급의 대비가 결론을 유도해내는 도식이 아니다. 타인의 언설을 짜깁기하듯이 과도하게 모방함으로써 자신의 모습은 매몰되어 버린다. 내면의 고백이라는 수필의 정의를 충족시켜 주지 못한다. 글의 서두와 중간의 여러 단락들, 그리고 어머니의 등장까지 다양한 서술을 펼치므로 주제를 드러내는 일관성이 부족하다. 따라서 수필의 교과서적 도식에서는 벗어난 형식을 취하고 있다.
한편으로 오늘의 수필은 너무 도식화하여 독자의 외면을 받는다는 평을 듣고 있다. 수필이 이런 문제들을 타개하는 방법론으로 예술의 유희론을 수용하여 수필의 '가볍게 글쓰기'는 시도해 볼 만한 가치가 있다. 사회적 검열과 심리적 검열로 자신의 내면을 직설적으로 드러내지 못한다. 그러나 수필에서는 내면의 표출을 강요하고 있다. 수필의 요구를 충족시켜 주기 위해서는 검열을 통과할 수 있는 방법을 강구해야 한다. 유희적 요소를 활용하고, 패러디나 차용을 하나의 탈출구로 응용할 수 있다.

차용이나 패러디를 이용하기 위해서는 수필 작가는 많은 지식을 소유하고 있어야 한다. 그래야만이 적절한 내용을 적합한 장소에 차용해 올 수가 있다. 풍부한 지식은 구활의 수필에서 하나의 장점이고, 버팀목이 되어 있다.

문학 평론가인 손탁의 글로써 끝을 맺을까 한다. "저는 문학은 지식이라고 주장합니다. 오늘날에도 문학의 앎은 중요한 방식으로 남아 있습니다."

(≪영남수필≫ 40집)

설화적 읽기를 통한 의미 찾기

- 공진영의 〈어매방우〉를 읽고

  수필이 태어나는 과정을 보면 거의가 기억에 의존한다. 허구를 허용하지 않는 장르의 특성상 사실의 보존이라는 기억은 수필에서 가장 중요한 요소가 된다. 기억은 살아오면서 겪었던 여러 경험들이 자료가 되어서 의식의 창고 속에 저장되는 것을 말한다. 저장되는 기억의 강도는 경험한 것들이 우리의 심리구조에 얼마나 충격을 주었느냐에 따라서 결정된다.

  수필쓰기의 과정을 다시 한 번 살펴보자. 저장의 창고 속에 잠자고 있는 기억을 일깨우는 것은 사후경험(2차 경험)이다. 자라를 보고 놀랐다면 솥뚜껑을 보고(2차 경험) 자라를 보았을 때의 감정적 경험을 되살려 낸다. 이때 의식 세계로 되살아나는 것을 회상이라고 한다. 회상의 내용을 수필 형식에 맞추어서 문자로 옮겨서 기록한 것이 수필이 된다.

  이 글에서 〈어매방우〉가 옛 기억을 되살려내는 사후경험(2차 경험)의 역할을 한다. 동시에 스스로도 기억으로 저장된 일차 경험의 한 몫을 하므로 이 글에서는 아주 중요한 역할을 하고 있다. 다시 한 번

수필쓰기의 과정을 되짚어 보면 '일차 경험 - 기억(저장) - 이차 경험 - 회상 - 기록'이라는 단계를 지나가게 된다. 그렇다면 일차 경험이 조금의 가감도 없이 기록으로 고스란히 옮겨질까? 아니다. 각 단계를 거칠 적마다 왜곡과 변형이 나타남으로 기록에서는 일차 경험의 사실 여부조차 불투명해진다. 이러한 왜곡과 변형이 나타나는 이유는 인간의 욕망과 환상이 작용하기 때문이다. 수필이 사실의 기록이 될 수 없다 하더라도 작가의 욕망과 환상을 표현한 것이므로 문학작품으로서 의미가 있다.

〈어매방우〉에서는 옛 기억으로 자신이 어린 시절에 많은 병치레를 하였다는 것과, 민속적인 주술로 자연물인 바위를 어머니로 정하였다는 내용이다. 기억의 내용물에서 서사의 주인공은 작가 자신이다. 그러나 글을 유심히 읽어보면 작가가 주인이 아니고 서사의 대상물임을 알 수 있다. 어머니는 사건을 진술하는 내레이터이지만 실제의 주인공은 어머니이다. 작가는 단지 어머니의 이야기 속에 주인공으로 등장할 뿐이다. 어머니의 감정을 표현하는 보조적인 수단의 역할만 할 뿐이다.

문학의 언술은 직접적으로 지시하기보다는 의미를 뒤편에 숨겨두는 다층 구조가 일반적이다. 동양의 미학에서 흔히 행간行間을 읽어야 한다고 말한다. 문인화에서는 사의성寫意性이라고 말한다. 그렇다면 이 수필은 어떻게 읽어야 할까? 작가가 의도하고 있는 메시지를 찾아내는 방법도 하나의 읽기가 될 것이다. 그러나 작가도 모르고 있는 욕망과 환상을 밝혀보는 것도 역시 읽기가 될 수 있다.

"그런 때는 천지가 캄캄해지는 무서움을 느끼며 포대기째 와락 끌어안고 울기도 많이 했노라고, 어머니는 다 큰 내 앞인데도 눈물을 글썽이며 실감나게 이야기를 하셨다."

　어머니의 이야기를 작가가 그대로 옮기고 있다. 이 언술에는 몇 가지 층으로 구성되어서 작가가 전하고자 하는 의미는 복잡하게 얽혀진다. 이 문장에서 어머니가 하고 있는 이야기에서는 작가가 주인공이다. 그러나 작가가 전하는 이야기의 주인공은 어머니이므로 어머니가 느끼는 절박한 감정은 작가의 정서 세계를 거쳐서 표출된 것이다. 작가가 표현하고 있는 어머니의 감정 너머에는 또다시 작가의 감정이 존재하고 있다. 작가를 사랑하고 있는 어머니의 모습을 서술한 것이기보다는 작가의 어머니에 대한 그리움을 서술하고 있다. 사실 이 언술은 복잡한 구조체계를 갖추므로 어머니의 심정을 전하려는 것인지, 어머니를 의탁하여 작가 자신의 감정을 전하려는 것인지 애매해진다.

　이 문장이 지시하는 이야기 이외의 함축된 의미는 없을까? 함축된 의미를 풀어내기 위해서는 〈어매방우〉에서 힌트를 찾아야 할 것이다. '어머니 － 작가 － 어매방우'의 축을 연결하는 고리는 무엇일까? 어머니이다.

　"그런데 이상한 일이었다. 해가 가고, 찾아가 비는 날이 거듭될수록 그 바위는 내게 이상한 느낌으로 다가오는 것이다. 어떤 때 머슴을 따라 닷 마지기 논에 갈라치면 공연히 바위 곁에 가서 기대어 보고 싶기도 하고, 쓰다듬어 보게 되었다. 그리고 바위에 흙이나 새똥이 묻어 있으면 논물을 한 움큼 떠다가 씻어내기도 했다."

　〈어매방우〉가 작가에게 어떤 모습으로 기억되고 있는지를 언급한 글이다. "이름을 불러 주었을 때 자기에게 와서 꽃이 되었다."는 김춘수의 시 〈꽃〉이 생각나는 대목이다. 언어학자의 주장에 의하면 문장에는 일반적인 의미작용과는 다른 방식으로, 설화적인 구조를 이룬다고 하였다. 위의 인용문에서 문장적인 의미는 '읽기' 그대로이다. 그러나 〈어매방우〉와 작가 사이에는 의미를 전달하는 일반 언어와 다른 방식으로 다른 이야기 내용(설화의 예)을 만들어 낸다고 할 수 있다. 바르트에 의하면 '설화의 의미란 독자가 그 설화의 읽기를 통해서 새로운 의미를 발견하고, 새로운 관계를 맺음으로 자신의(독자의) 글쓰기를 할 때 나타난다.'라고 정의하였다. 이제부터는 의미를 찾는 일이 작가 몫이 아니고, 독자의 몫이 된다. 그러나 작가를 도외시한 읽기가 가능할까? 가능하다는 주장도 있고, 그렇지 않다는 주장도 있다.

어쨌거나 나는 독자가 되어서 〈어매방우〉의 설화적 요소를 찾아보고자 한다.

나는 〈어매방우〉에서 프로이트가 말하는 '가족소설' 이론을 떠올린다. 유아기의 심리 구조에서 가족관계는 환상으로 이루어져 있다는 것이다. '키다리 아저씨'처럼 나에게 무한한 사랑을 주는 존재로 가족을 상상하는 것이다. '어매방우'는 바로 키다리 아저씨의 역할을 하고 있다. 이것은 아이들에게 심리적 안정을 준다. 또 하나는 '고아환상'이라는 것이다. 자신의 가족이 없는 불쌍한 존재라는 것이다. 작가는 〈어매방우〉를 통하여 소아심리를 경험하고, 그 경험을 오랫동안 기억으로 간직하고 있었다.

우굴쭈굴한 바위 위에 어머니의 얼굴이 포개져 나타났다. 긴긴 세월 동안 '어매방우'는 어머니의 간절한 기원을 잊지 않고 자정과 염려로 나를 지켜주었는지 모른다는 생각을 하니 눈시울이 뜨거워졌다. 나는 '어매방우'에 기대듯, 안기듯 하여 한참 동안 눈을 감고 서 있었다. 육신에 전해오는 돌의 촉감은 싸늘하였지만, 가슴으로 느껴지는 그것은 따스하고 훈훈하였다.

어른이 되고 나면 '가족소설'의 환상 심리에서 깨어난다. 현실에 적응하여 살아가야 하기 때문이다. 환상 속의 '어매방우'는 현실에서 조그만 바위가 되어 버렸다. 성장하여 어머니의 품을 떠나 현실에서 어머니 보호 없이 스스로 살아가야 한다. 어머니도 우리의 환상에서 멀어져 버린다. 어쩌면 환상의 어머니에서 현실의 어머니로 탈바꿈함으로써 '가족소설'의 심리에서 벗어날 수 있다. 이것은 정상적인 심리발달 과정이다. 어른이 되어서 나의 가족을 데리고 살아가고 있을 동안에 어머니는 우리에게 어떤 존재일까, 우리의 어머니는 나에게 어떤 방식으로 존재하고 있을까? 작가는 거의 60년 동안이나 '어매방우'를 잊고 있었다. 아마도 '어매방우'도 현실의 어머니의 자리로 물러나 있었을 것이다.

우리는 어른이 되었더라도 유아기의 환상 세계를 그리움으로 안고 살아간다. 우리는 에덴동산을 영원히 잃어버렸지만 그리움 속에서는 끌어안고 살아가고 있다. '어매방우'도 작가에게는 유토피아를 상기시켜 주는 환상의 자리에 머물고 있었다.

이 수필은 유토피아가 어머니의 사랑이었다는 사실을 새삼 깨닫게 해준다. 차가운 표면의 층위가 현실에서 인식하는 어머니의 상징이라면, 내면으로 흐르고 있는 따뜻하고, 훈훈한 세계가 가슴속에 간직되어 있음을 강조하고 있다. '어매방우'처럼 우리도 현실에서 어머니를 잊고 살아온 것은 아닐까가 하나의 설화가 되어서 우리의 가슴을 두드리는 것은 아닐까?

글쓰기는 바로 이면에 내재되어 있는 설화의 세계를 찾아가는 작업이다.

(≪영남수필≫ 40집)

은유적 수필의 욕망 엿보기

- 이정기의 〈그냥 그렇게〉를 읽고

　작가가 글을 쓸 때는 대상이 있다. 문학 작품에서는 '사건 설정'이라고 말하는 것이 더 적합한 표현이다. 작가는 설정된 사건을 단순히 묘사하여 사진처럼 재현해서는 안 된다. 작가 자신을 표현해야 한다. 글쓰기는 자기 스스로를 드러내는 행위이기 때문이다.

　작가가 쓴 수필은 설정된 사건을 재현한 것이지만 재현된 세계는 그 자체로서 완결되는 것은 아니다. 작가가 표현하고픈 세계로 내려가는 통로일 뿐이다.

　이 수필은 아들과의 통화를 하나의 사건으로 설정하였다. 일상의 생활에서 누구에게나, 어느 날에나 일어날 수 있는 사건을 재현하여 묘사하고 있다. 그는 "숫자로 셈할 수 없는 숱한 일상들이 바람처럼 지나간다."라고 하였다. 대수롭지 않은 일상의 일을 사건으로 설정하였다는 말을 하고 있다. 수필은 허구가 아닌 실재의 이야기이므로 더더욱 재현이라는 표현이 적합하다.

　이 사건을 단순히 '전화하기'라고 약칭해서 보면 어느 누구나 경험할 수 있는 시시한 사건이다. 평범하고 사소하였던 사건에 의탁하여 작가는 자기 자신을 표현하고자 하였다. 예술에서의 표현을 뒤프렌은 이렇게 말하고 있다. "예술가의 의식, 철학이라고 언급하는 이상으로 더 심층적으로 예술가로 하여금 예술가 자신의 고유한 언어로서 말하도록 재촉하는 특정의 세계라고 본다." 만약에 우리가 일상의 사건을 표현하는데 작가 자신의 고유한 언어가 아니고, 사진처럼 대상물을 그렸다면 예술작품이라고 말하기 어렵다는 해석을 할 수 있다.

작가가 '전화하기'에서 표현하고 싶은 자신의 언어는 무엇일까?

"근래 나는 그것, 그 무엇, 그냥이란 애매한 단어들을 자주 입 속에서 웅얼거린다. 아무 일일 수 없고, 아무 곳에도 없고, 그 무엇일 수도 없는, 무위의 세계에 빠진 것 같다."

작가가 스스로에 대해서 언급한 글이다. 이것은 작가의 현재의 의식을 나타낸 말이다. 단순히 의식이 아니고 작가에게 형성되어 있는 철학일 것이다. 무위란 모든 욕망을 방기한 심리상태이다. 그러나 인간의 내면은 절대로 그럴 수 없기 때문에 의식과 철학이라고 할 수 있다.

"마음을 꼭 붙들어매야 하는 절실한 그 무엇도 없다. 현실의 미미함이 권태롭다. 편안함에 익숙해진 살찐 비둘기가 제 몸이 무거워 날기를 포기하듯 안일한 일상은 사람을 우둔하게 만들고 있나 보다." 이 말들을 작가의 넋두리라고 해야 할까? 어쨌거나 이 언급은 작가의 의식이나 철학 너머에 심층적인 그 무엇이 있음을 암시하고 있다. 뒤프렌은 의식 너머에 있는 자신의 고유한 심층의 언어로 말해야 한다고 하지 않았는가? 그러나 작가는 암시만 하고 있을 뿐 자신의 언어는 드러내지 않고 있다.

'전화하기'가 작가에게 의미를 부여하는 것은 심층의 고유 언어를 내포하고 있기 때문이다. 전화 벨 소리가 들리고, 수화기를 집어들었다는 것은 아무런 의식도 소여되지 않은 사건 그대로의 물적 대상일 뿐이다. 즉 전화가 걸려 와서 수화기를 드는 사건은 작가의 의식이 전혀 소여되지 않은 하나의 사건 자체일 뿐이다. 수화기를 귀에 가져다 대는 순간부터 작가의 의식과 철학이 소여되어 주관이 들어감으로써 객관적인 사건으로 끝날 수 없게 된다. 이때부터 전화하기는 작가의 주관이 관여하는 지향성 대상이 된다. '전화하기'를 체험하는 작가는 자신의 의식이 들어가므로 자기 나름의 의미부여를 하게 된다.

예술작품은 작가의 주관이 지향성으로 만들어 내는 대상물을 말한다. 예술작품은 의미부여 행위인 의식의 지향적 행위가 지향적으로 형상화한 형성물이기에 다양한 의식 행위가 여러 형태의 대상물을 만들어 낼 수 있다. 동일 대상에 대하여 다양한 예술작품이 만들어질 수 있다. 이것이 지향성 대상이다.

작가는 이 수필에서 '전화하기'라는 사건(대상)을 두고 자신의 의식을 투여하여 '그냥'이라는 상징어를 사용함으로써 '의미 없음'을 말하고자 하고 있다. '의미 없음'은 '전화하기' 자체가 의미 없다는 뜻은 아닌 것이다. 전화를 통한 물음이 일상의 생활에서 변화가 있느냐,라는 뜻이었고, 그에 대한 대답이 '그냥'이었다. 그렇다면 '그냥'은 일상의 삶에 변화가 없었다는 뜻이다. '의미 없음'과는 다른 뜻이 된다. 이때 '의미 없음'이란 언어는 작가의 언어가 아니고, 읽기를 하는 독자, 즉 나의 언어이다. 말하자면 이 글은 독자인 나를 통해서 '그냥'의 읽기를

'의미없음'이라는 지향성 대상으로 둔갑시킨 것이다.

　전화를 통하여 들려오는 목소리의 주인은 아들이다. '그냥'이라는 말에는 안부를 묻는 행위의 주인인 아들의 사랑이 들어 있다. 어머니는 그냥을 무위의 개념으로 받아들였다. 사실, 아들의 사랑을 욕망으로 갈망하고 있었던 심층 언어는 없어져 버렸다.

"험난한 인생 길을 지치지 않고 달릴 수 있는 힘은 무엇일까? 그것은 일상의 궤도와 속도에서 일탈한 자신을 내려놓아도 좋은 그곳이 있고, 그냥 그렇게 마음의 짐을 받아 줄 수 있는 그 사람이 있기 때문이 아닐까?"

　이제 다시 작가는 의식과 철학이라고 말하는 이상의 심층적인 고유 언어로 말해야 한다는 뒤프렌의 말을 상기해 보자.
　그렇다면 '그냥'이란 작가가 생각하고 있는 '일상의 생활' 이상의 뜻이 담겨져야 한다. 그는 결어에서 '일탈한 자신을 내려놓아도 좋을 그곳'이라고 말하였다. '그냥'은 이와 같은 자신의 내면을 표현하는 언어이어야 한다.
　산문이 대체로 '서사'를 기본으로 하는 구조이고, 구체적인 언어 표현이라면 이 글의 결어는 상당히 은유적이고, 암시적이다. 말하자면 산문적이기보다는 시적 표현을 하고 있다. 작가가 '그냥'을 통해서 욕망하고 있는 심층 언어를 은유적으로 표현하고 있다. 인간 내면이라는 심층 심리에서 보면 아들의 전화를 기다리고 있는 것은 인간 심리의 근원인 '오이디푸스 콤플렉스'의 다름 아니다. 오이디푸스 콤플렉스가 영원히 채울 수 없는 인간의 욕망을 이르는 것이라면 그는 자신의 욕망을 구체적인 언어로 표현하지 못하고 있다. 왜냐면, 그가 표현한 언어는 모든 인간이 공통적으로 간직하고 있는 심리의 기본 구조이면서도, 금지된 언어이기 때문이다.

문학에서 언어는 불확정성과 다의성이 특징이다. 그가 풀어 낸 언어들이 어차피 은유적이라면 읽기도 다양해질 수밖에 없다. 전화하기란 사건도 작가의 주관이 작용한 지향성 대상이라면 '전화하기'는 즉물적인 대상이 아니고 작가에 의하여 만들어진 준 실재적 가상일 수밖에 없다. 그 가상을 다시 읽는 독자는 또 다른 독자 나름의 가상을 만들어 낼 수밖에 없다. 문학 작품의 속성이 그렇기 때문이다.

작가가 가슴속에 가두어 두고 표출해내지 못한 언어가 무엇일까? 독자의 읽기는 작가와 차이가 날 수밖에 없다. 작가는 가슴에 가두어 두고 풀어내지 못한 욕망을 아들의 사랑으로 은유하여 말하고 있다. 자신의 내면에서 심리 검열을 통과하여 표출된 언어가 아들의 사람이라면 검열에서 통과하지 못한 언어(욕망)는 무엇일까? 일탈한 자신을 내려놓을 수 있는 언어는 아들의 사랑이 유일한 것일까?

오이디푸스 콤플렉스로 해석을 하자면 아들의 자리에 아버지가 들어갈 수도 있고, 또 다른 누구도 들어갈 수 있다. 그러나 결코 욕망을 채워 줄 수 없는 존재로서 그 누구일 것이다. 그는 다만 내가 욕망하는 자로서 존재할 뿐이기 때문이다.

(≪영남수필≫ 40집)

신화의 구조로 자신의 내면 이야기하기

- 서귀자의 〈교복〉을 읽고

　글의 서두는 졸업식 때 행하는 축제적 행위로서 졸업생의 교복에 밀가루를 뿌리고, 날계란을 덮어씌운다라는 얘기로 시작한다. 졸업식 날 보았던 요즘 학생들의 행위가 사후 경험이 되어서 작가의 과거를 회상하는 형식을 취한다.
　수필 작법의 보편적 형식이지만 회상으로 되돌아오는 과거의 경험은 작가에게 중요한 의미를 지닌다. 수필의 제목과 소재가 교복이다. 그렇다면 작가는 교복을 주제로 삼아서 교복에 관한 이야기를 하고 싶은 것일까? 아니다. 수필은 소재가 무엇이든지 간에 작가 자신의 이야기를 하는 것이다. 교복을 읽으면서 나는 작가를 어떻게 읽어야 할까?를 생각하였다.

　"삼 년 동안 나는 분신처럼 몸에 착용하고 다녔던 교복을 주저 없이 찢어버리고 오물을 뒤덮을 정도로 학교생활이 지겨웠단 말인가. 제도의 규격에 얽매인 시간들을 훌훌 털어버리고 자유를 향한 돌팔매질을

하고 있는 듯하다. 눈물바다로 만들던 예전을 생각하면 격세지감이
드는 것은 나만의 생각은 아닐 것이다."

이 언설은 작가가 에피소드처럼 우연히 경험했던 하나의 해프닝을 말하는 것이 아니다. 인용문은 졸업식 때 일어났던 사건을 지칭하고 있지만, 실제로는 사건에 내포되어 있는 의미를 예시하고 있다.

예술 일반의 특징은 일치된 해답을 요구하는 것이 아니다. 독자마다 해답이 다를 수 있는 불일치를 이끌어 내는 것이다. 예술은 인식의 방법론으로 정서에 의존하고 있기 때문이다. 감성적 해석은 미묘한 애매성과 다의성을 유도하는 것을, 문학에서는 긍정적인 특징으로 인정한다.(굿맨) 문학에서 다의성과 애매성은 독자도 작품에 참여할 수 있는 통로가 되므로 의미의 확장이라는 긍정적인 면을 말한 것이다.

작가는 요즘의 졸업식에서 벌어지고 있는 해프닝성 행위를 규칙 생활에서 벗어나는 해방감으로 해석하였다. 그러나 나는 '격세지감'이라는 작가의 표현을 통하여 작가의 속마음을 읽어보고자 한다. 격세지감의 표현이 이성적 판단이 아니고 감성적이고, 정서적인 판단이라고 느꼈다. 이것이 바로 수필이 문학이 되는 이유이기도 하다.

문학은 한 인간이 단순히 자신의 축적된 경험을 진술하는 것만이 아니다. 사회적으로 의미를 부여받은 의례적인 언술이라는 뜻이다. 흔히 '문학적 담론'이라고 말한다. 수필도 문학적 담론을 수행하므로 문학의 범주에 귀속되는 것이다. 말하자면 작가가 자신이 표현하고 싶은 것을 사회적으로 유통이 가능한 문학적 담론으로 표현하는 것이

문학이다. 수필은 '의미를 담고 있는' 작가의 표현물이고, 독자는 의미를 자기 나름으로 찾아내므로 독서 행위가 이루어지는 것이다.

"교복을 떠올릴 때면 누구에게나 다 같은 느낌으로 기억되지는 않는다. '교복 자율화'가 시행되기 전에 교복은 교복 이상의 의미가 있다."

이 글은 작가가 말하고 싶은 의도를 암시하고 있다. 교복 이야기가 아니고, 교복 이상의 의미를 말하고 싶어 하는 것이다. 그 의미를 수필이라는 문학적 담론으로 풀어내는 것이 이 글의 내용이자, 형식이다.

"형편이 좋아지면 머지않아 새것으로 맞춰 줄 테니 조금만 참고 있어라. 어머니께서 하신 말만 믿을 수밖에 없었다. 교복에 얽힌 애환과 희비는 내 생애에서 지울 수 없는 기억으로 남아 있다."

작가는 교복 이야기를 하면서 사실은 자신에게 남아 있는 '지울 수 없는 기억'을 이야기하고 싶은 것이다. '지울 수 없는 기억'을 직접적으로 표현하는 것은 교복 이야기를 하듯이 쉽게 할 수 없다. 자신의 내면을 진솔하게 고백하려면 자신의 심리적 검열을 통과해야 하기 때문이다. 검열에 통과하기 어려우면 작가의 의도성과는 달리 애매성을 띨 수 밖에 없다. 이 수필에서도 지울 수 없는 기억을 어떤 형태의 모습인지를 직설적으로는 표현하고 있지 않다. "당연히 내 것은 원래 있는 것이 아니고, 물려받아야 하는 걸 너무나 잘 알고 있었기 때문이다."라는 표현으로 대신하고 있다. 물론 맞는 말이다. 그러나 그것이 전부이었을까? 작가의 진술이 자신의 진실된 내면의 전부라면 독자가 의미를 찾아가는 읽기를 할 틈이 없어져 버린다. 착하게 살아야 한다는 강한 교시성을 표현하면 좋은 수필일까? 그럴지도 모른다. 그러나 내면을 진솔하게 표현하였다기에는 무리가 있다.

이 글에서 또 하나 읽을 수 있는 것은 어머니, 오빠, 언니 그리고 아들까지 가까운 가족들이 등장하는 것이다. 일반적으로 가족 관계는 가장 가까우면서도 심리적 갈등이 심한 것을 특징으로 꼽는다. 나는 이 글을 읽으면서 갈등이 중심을 이루는 신화적 구조를 떠올려 보았다. 신화에는 가족 간의 갈등이 주제인 내용들이 무수히 많다. 신화의 내용은 실제의 사건이기보다는 인간 심리의 표현이라고 말한다. 그렇다면 가족 간에는 당연히 내면의 심리적 갈등이 있었을 것이다. 유아기의 정상적 심리 과정인 '고아 환상'도 있었을 것이다. 어머니에 대한 미움도 있었을 것이다. 작가는 스스로 인내하고, 수용하는 방법으로 해결하였다고 진술하고 있다.

"순서를 거스르는 것은 곧 집안의 질서가 무너진다고 생각하였기에 내 서러움은 고스란히 혼자 감당해야 할 몫이었다."

작가의 진술은 사회의 가치관을 거스르지 않으려는 하나의 해결 방법이었을 것이다. 그렇다. 내가 감당하기 어려운 기억들은 무의식(망각) 속으로 던져버리고, 가치관에 순종하면서 살아갔다고 하지 않는가. 그러나 무의식은 망각이 아니고 기억하지 못하는 기억일 뿐이다. 내 삶에서 결코 망각되는 것이 아니고, 내 감정의 바탕에 남아서 우리의 정서를 지배한다지 않는가.

　인간의 내면도 신화적 구조를 가진다고 하였다. 의식 세계에서는 해석이 안 되는 구조, 즉 빠롤의 형태라고 하였다.(*빠롤 - 음성기호로서, 문법(코드)을 모르면 해석이 안 된다. 우리가 프랑스어를 들었을 때 문법을 모르면 알아들을 수가 없다. 그냥 음성 형태의 소리일 뿐이다. 한국어는 우리가 문법을 알기 때문에 의미를 파악한다. 의미가 통하는 언어를 '랑그'라고 한다.)

　수필 〈교복〉은 전체가 하나의 신화, 즉 빠롤이 되어서 독자의 읽기를 기다린다. '신화는 아무것도 숨기지 않는다. 왜냐면 신화의 기능은 어떤 것을 사라지게 하는 것이 아니고 왜곡시키는 것(바르트)'이라는 말을 상기하면 이 수필은 작가의 내면을 숨기지 않았지만 왜곡시켜서 표현하였다고 볼 수 있다. 그러나 우리가 '랑그'로 읽어내지 못하는 것은 아닐까?

　앞에서 '문학은 사회적인 의미를 부여받은 의례적인 언술'이라고 하였다. 그렇다면 이 수필도 사회적인 의미를 벗어나서 표현하기가 어려웠을 것이다. '가족 관계'에서 사회적으로 요구하는 의미를 벗어나기가 어려웠다고 할까? 작가는 이 글의 어디에서도 가족에 대해서 나쁜 감정을 표현하지 않고 있다. 모든 것은 스스로의 인내로 해결하고자 하고 있다. 수필을 신화적인 구조로 받아들인다면 그가 진술한 내용은 사회적으로 수용이 가능하도록 왜곡하였다고 보아야 한다.

　교복에 밀가루를 묻히는 행위를 보았을 때 '아까운 교복을 훼손한다.'라는 의미로 보지 않는다. 자신의 아픈 과거를 보았고, 지난날에 겪었던 심리적 갈등을 보았을 것이다. 아들의 교복에 정성을 쏟는 것도 자신의 심리적 아픔을 보상하는 행위이었을지도 모른다. 자신을 아프게 하였던 사람들은 가족이었을 게다. 가족 갈등에는 어머니가 가장 핵심적인 존재이다. 아이에게 어머니는 이중적인 존재이다. 사랑의 대상인 동시에 증오의 대상이기도 하다. 그러나 작가는 글에서 한 번도 그런 사실을 언급하지 않고 있다. 왜곡이라고 보는 이유이다.

"어느 날 엄마가 하복 한 벌을 내놓으셨다. 한 달 동안 5일장이 열릴 때마다 머리에 짐을 이고 장에 갔다 오고 난 뒤였다."

교복 이야기를 이렇게 마무리하였다. 어머니의 사랑을 확인하는 것으로 마무리 하였을뿐더러, 이제 독자들도 신화의 의미를 낼 수 있는 '랑그'로 마무리할 수 있다. 작가는 결국 교복을 통해서 어머니의 이야기를 하였던 것이다. 성장기에 겪는 가족 간의 갈등은 거의 언급하지 않으면서 교복이라는 기호를 통하여 신화의 구조로 자신의 내면을 이야가하였다.

  비평의 방법론에서 작가의 심리를 관찰하거나, 정신분석을 응용하기도 한다. 작품에는 작가의 개성이 반영된 것이라고 보기 때문이다. 개성의 반영이 진실이라면 작품이 우수하다고 말할 수 있을까? 예술 작품은 그 이상이어야 한다.

  교복을 기호로 하여 자신의 심리적 갈등을 말한 것이 진실이라고 하더라도, 그것만으로는 좋은 작품이라고 말할 수 없다. 작가는 어머니의 사랑을 확인하고 수용하는 것으로 끝을 맺었다. 자신이 심리적 갈등을 벗어날 수 있을뿐더러 독자에게 더 높은 가치관을 느끼게 해 주었다.

(≪영남수필≫ 40집)

욕망의 의미 찾기

― 노혜숙 수필집 ≪조르바의 춤≫을 읽고

　수필은 소재가 무엇이든 간에 작가 자신을 말하는 글이다. 수필작법의 일반적인 기법은 회상에 의한다. 지난날 어느 시기에 경험하였던 사실은 기억의 바닥에 가라앉아 버린다. 자라 보고 놀란 가슴은 솥뚜껑 보고 기억으로 되살려 내듯이, 새로운 경험(사후경험 또는 2차경험이라고 한다.)에 의하여 1차경험이 일깨워진다. 이때 일깨워진 경험이 회상이라는 형식으로 작가에게 나타난다.
　회상으로 되돌아온 기억은 사실이며, 진실한 것일까? 작가는 경험하였던 사실을 기억으로 불러내었으므로 틀림없이 사실이라고 믿는다. 심층심리학자들은 그렇지 않다고 말한다. 회상으로 되돌아오는 기억은 사실 여부를 떠나서 작가에게는 대단히 중요한 의미를 갖는다.
　노혜숙의 수필집 ≪조르바의 춤≫ 중에서 〈풍경〉의 단원에 실린 글 중에서 〈금곡리의 봄〉〈장날〉〈그 집〉과 그 외의 부분들과 〈북두갈고리손〉을 중심으로 읽기를 해보겠다.
　여기서 특징은 회상으로 떠오르는 곳이 시골의 정경이다. 그리고 유년 시절이다. 아름다운 시골의 풍경과 유년 시절은 작가에게 어떤 의미로 나타난 것일까? 남편을 따라 '금곡리'라는 시골로 이사를 온 것이 사후경험이 되어서 유년을 보냈던 시골의 정경이 회상으로 되살아난다.

농촌에서 유년을 보낸 정서 때문인지 고향에 돌아온 듯 마음이 편안했다.

신평리의 오일장에서 지난날의 어머니를 회상한다. 오일장과 어머니는 작가에게 그리움의 대상이고, 욕망의 상징이 되어 있다. 아파트에 살고 있는 작가에게 들 가운데에 있는 '그 집'도 어릴 적 살았던 고향집을 떠올려 준다. 작가는 충남 당진군에 있는 기지시리 장터에서도 "기억 속에 혼곤히 묻혀 있던 내 고향 파주의 장날 풍경을 떠올린다." 〈북두갈고리손〉도 같은 맥락으로 읽을 수 있다. 유년과 아버지, 그리고 아버지의 사랑을 아프게 회상해 낸다.

발췌해 본 글의 공통분모라면 유년을 보낸 시골의 풍경이 그리움이 되어서 작가에게 되돌아왔다는 것이다.

문학 작품은 몇 가지의 층위를 가지며(일상 언어와 약간의 차이가 나는 점이다.) 서로 다른 의미를 내포한다. 작품 읽기가 문장의 문법적 읽기로 끝내 버리면 국어라 하지 않고 문학이라고 구분 지을 이유가 없다. 문장을 넘어서는 의미를 찾아가는 것이 국어가 아닌 문학작품의 읽기이다.

〈금곡리의 봄〉을 읽으면서 시골에 이사를 갔더니 어릴 때 자랐던 시골의 모습과 같구나,라고만 이해하였다고 하자. 바른 읽기이기는 하다. 그러나 이것은 국어적 읽기일 뿐이다. 동양의 문예미학에서도 행간을 읽으라고 하였다. 〈금곡리의 봄〉에서 표현한 시골과 유년은 사전적 의미의 시골과 유년의 뜻을 넘어서서 또 하나의 의미를 가진다. 유년시절의 시골을 회상해 내었다는 것은 작가의 생애에 영향을 준 개인사적인 여러 요소들이 복합적으로 작용하여 만들어 내는 숨은 의미가 들어 있기 때문이다.

그렇다면 작가에게 유년은 무엇일까? 이것은 독자들이 작가에게 던지는 질문만이 아니다. 우리 스스로에게 던지는 질문이기도 하다.

문학적 글쓰기는 작가의 욕망을 풀어내는 것이라고 하였다. 욕망이란 심리적인 결핍과 다름 아니기 때문에 나 자신을, 더 나아가서 사회의 구조까지도 불만의 눈으로 바라본다. 우리에게 욕망이 형성되는 기전을 보면 나의 원초적 욕구가 거절당하고, 현실적으로는 충족시켜 주는 방법이 없을 때 나타난다. 한 개인이 삶을 꾸려나가는 과정에 관여하는 역사적이고, 문화적이고, 가족사적인 것까지, 모든 것들이 관여한다. 심지어는 이러한 사실들에 반응하는 작가의 심리적인 요소까지도 관여한다.

따라서 문학적 글쓰기에는 작가의 꿈이나 유토피아가 어떤 형태로든지 내포된다는 것이 블로흐의 주장이다. 욕망은 상상에 의하여 충족되면, 문학은 곧 상상의 산물이기 때문이다. 그렇다면 작가가 언급하고 있는 유년과 시골 정경은 작가에게 유토피아의 의미를 내포하고 있다고 읽을 수 있다.

유년은 아직까지 억압(욕구의 거부)이 완벽하게 일어나지 않는 시기이다. 어느 정도 사회적 규범에서 일탈하여도 너그럽게 용서해주는 시기이다. 가족 사이의 무례함도 처벌을 유예하는 시기이다. 손자가 할아버지의 수염을 쥐고 흔들어도 웃음으로 지나치는 시기이다. 그래서 기억 속의 유년은 아직도 쾌락이 허용되는 유토피아의 상징성을 지닌다.

심층심리학자들은 기억에 남아 있는 유년의 경험은 거의가 허구라고 말한다. 말하자면 유토피아라는 색안경을 끼고 바라보기 때문이다. 과거의 기억이 환상으로 채색되면 경험의 내용은 현실성을 잃게 된다. 욕망의 자리는 환상으로 채워지기 때문이다. 다시 회상으로 재구성할 때는 작가의 욕망에 의하여 구성되는 것이 일반적인 심리구조이다.

회상해낸 경험이 사실이 아니라 하여 수필에서 가치가 없다는 것은 절대 아니다. 문학적인 글쓰기에서는 많은 부분의 허구를 경험 세계와 관련지어서 우리 앞에 의미 있는 사건으로 표현하는 능력에 기반을 두고 있기 때문이다. 이럴 때는 사실이 아니더라도 작가에게는 진실이 되기 때문이다.

이제 읽기를 해보자.

실내에서 텔레비전으로 맞던 도시의 봄과는 사뭇 느낌이 달랐다. 물리지 않는 흙냄새와 들꽃 향기 속에 숨을 고를 수 있는 호사를 누렸다.
— 〈금곡리의 봄〉

실내의 텔레비전과 흙 냄새와 들꽃 향기는 서로 대비점의 위치시키고 현실과 유토피아를 드러내었다. 실제의 텔레비전은 오늘을 살고 있는 나의 현실이다. 아이들에게 공부를 핑계로 관람을 금지시키고, 남편과는 채널 다툼(?)도 하는 현실의 공간이다. 그러나 흙 냄새와 들꽃 향기는 저 멀리 회상 속에서 존재하고 있는 환상의 공간이다.

흑백 사진 같은 장터 풍경 너머로 삼십을 갓 넘긴 여인의 얼굴이 떠오른다. 젊었을 적의 내 어머니의 모습이다.
— 〈장날〉

어머니는 운동화도 사다 주고, 군것질거리도 사다 주므로 내 욕망을 충족시켜 주는 존재로 기억하고 있다. 유년의 환상에는 고아환상과 키다리 아저씨 환상을 대표적으로 꼽는다. 백설공주나 신데렐라처럼 자신을 비극의 주인공으로 생각한다. 한편으로는 키다리 아저씨처럼 누군가가 나를 도와주는 멋진 왕자 같은 존재가 있다는 환상을 가진다. 정말 그럴까? 아니라는 것을 우리 모두가 안다. 더욱이 어머니는 미움과 사랑이 교차하는 이중적 의미를 가진 존재이다. 그러나 환상 속에서 만나는 장날의 어머니는 나의 키다리 아저씨가 되어 있다.
'아버지이셔?'
'아니….'
나도 모르게 불쑥 거짓말이 튀어 나왔습니다. 순간 얼굴이 화끈 달아올랐습니다.
— 〈북두갈고리손〉

의식의 밑바닥에 아픈 기억으로 남아 있던 한 조각이 아버지의 뇌졸중으로 인하여 되살아난 죄의식은 내가 나에게 주는 벌이다. 아버지의 뇌졸중은 침잠되어 있던 나의 죄의식을 불러내어 고백하게 함으로써 나를 벌주고 있는 것이다. 아버지는 키다리 아저씨를 꿈꾸는 유년기의 환상을 깨뜨린 현실이었기 때문에 베드로처럼 부인하였던 것이다.

읽기에서 이것만 읽는다면 문학성을 따지는 수필비평이라고 하기보다는 단지 작가의 정신분석일 뿐이다.

이제 다시 노혜숙의 수필읽기를 해보자. 작가의 현재는 사후경험이 되어서 작가의 유년과 어머니 그리고 아버지로 이어진다. 회억되는 과거의 기억은 작가에게 유토피아가 되어서 나타난다. 그렇다면 작가의, 아니 우리의 현재는 유토피아의 대척점에서 고통과 아픔을 주는 자리이다. 라캉은 인간을 "영원히 욕망하는 존재이다."라고 하였다. 욕망은 곧 결핍이므로 우리는 죽을 때까지 현실 앞에 서서 불만의 존재로 살아가야 하는 것이다.

현실이란 바로 불만의 자리라는 것이 진실인 이상 작가나, 독자인 우리는 모두가 마찬가지이다. 욕망에 대한 치유의 방법으로 인간은 유토피아를 꿈꾼다고 하였다. 작가는 유년과 시골 정경에서 유토피아를 찾아 나섰다.

실제에서 유년시절과 시골에서 살았던 그곳이 과연 유토피아인가? 라고 질문을 하면 그렇다고 자신있게 답하기는 어렵다. 유년과 시골 생활을 이상향으로 찬미하는 것은 과연 진실일까? 수필에서 문제가 되는 것은 바로 이 때문이다. 수필은 허구가 아닌 진실(사실과는 의미가 다르다.)을 표현하기 때문에 이 점이 문제가 된다.

 작가는 '북두갈고리손'에서 무엇이 진실이며, 수필은 어떻게 써야 할까에 대한 답을 제시하고 있다.(내가 이 평글을 쓰는 것도 이 때문이다.) 어린 시절의 부모는 이중적 존재이다. 가난한 유년을 보냈다면 부자 아버지를 가진 아이는 무척 행복하리라는 상상을 한다. 그 상상은 환상이 되고, 환상은 자신을 그 자리에 놓음으로 유토피아를 설정하여 현실의 아버지를 부정한다. 그러나 막상 부자 아빠를 가진 아이는 자신의 환상처럼 행복감을 느끼지 않는다. 왜냐면 인간은 영원히 욕망하는 존재이기 때문이다.

 진실은 〈북두갈고리손〉처럼 미움과 죄의식 그리고 연민과 사랑이 교차하고 갈등하는 것이다. 수필은 이처럼 미움과 애정 사이에서 일어나는 갈등을 솔직하게 표현할 때만이 진실이라고 말할 수 있다. 이럴 때만이 독자는 감동하는 것이다. 그런 면에서 노혜숙의 여러 수필은 진실을 가리고 있다.

 그러나 〈북두갈고리손〉에서 노혜숙은 진실을 찾아 나서고 있음을 평자는 예감할 수 있었다. 키다리 아저씨의 역할을 하는 어머니의 이야기보다는 북두갈고리손의 아버지 이야기가 독자에게 더 깊은 감동을 준다. 왜일까? 진실을 담고 있기 때문이다.

 막연히 꿈꾸기보다는 자신의 진실을 솔직하게 들여다보고(성찰하고) 스스로를 치유하는 방법으로 자신을 정화하는 것이 수필쓰기가 아닐까?

이동민 평론집

수필쓰기 방법론 넷
- 다시 붓 가는 대로

인 쇄	2010년 4월 10일	
발 행	2010년 4월 15일	
저 자	이 동 민	
발 행 인	서 정 환	
발 행 처	수필과비평사	
출판등록	1984년 8월 17일 28호	
주 소	서울시 종로구 익선동 30-6 운현신화타워 빌딩 2층 208호	
전 화	(02) 3675-5633, (063) 275-4000	
메 일	essay321@hanmail.net	

값 10,000원

ISBN 978-89-5925-684-6   03810

※ 저자와 합의하여 인지는 생략합니다.
※ 잘못된 책은 바꿔드립니다.